LES TENDANCES DE LA MUSÉOLOGIE AU QUÉBEC

LES TENDANCES DE LA MUSÉOLOGIE AU QUÉBEC

Sous la direction de Michel Côté

Société des musées québécois

Musée de la civilisation

Service des parcs d'Environnement Canada

Données de catalogage avant publication (Canada)
Vedette principale au titre :
  Les Tendances de la muséologie au Québec
  (Collection Muséo)
  Actes du 3ᵉ Forum sur les tendances de la muséologie au Québec,
organisé par la Société des musées québécois le 27 février 1992 à
Québec, Québec. Cf. Introduction.
  Publ. en collab. avec : Société des musées québécois et Service des
parcs d'Environnement Canada.
  Comprend des références bibliographiques.
  ISBN 2-2551-12899-4 – ISBN 2-89172-058-X (Société des musées
québécois)
  1. Muséologie – Québec (Province) – Congrès. 2. Musées – Québec
(Province) – Congrès. 3. Musées – Fréquentation – Québec (Province) –
Congrès. I. Côté, Michel, 1948-   . II. Musée de la civilisation (Québec).
III. Forum sur les tendances de la muséologie au Québec (3ᵉ : 1992 :
Québec (Québec). IV. Société des musées québécois. V. Service canadien
des parcs. VI. Collection.

AM21.Q8T46 1992   069'.09714   C92-096974-7

*Cette publication s'inscrit dans la série Forum coordonnée par la Société
des musées québécois. Elle est également disponible en anglais
et en espagnol.*

Coordination :   Linda Lapointe, Société des musées québécois
                 Martin Le Blanc, Musée de la civilisation
Édition :   Musée de la civilisation
Révision :   Catherine Coquet
Diffusion :   Société des musées québécois
                 Case postale 8888, succursale A, UQAM
                 Montréal (Québec) H3C 3P8
                 Tél. : (514) 987-3264

                 Prologue inc.
                 Tél. : (514) 434-0306

ISBN : 2-551-12899-4/Musée de la civilisation
ISBN : 2-89172-058-X/Société des musées québécois
Dépôt légal – 3ᵉ trimestre 1992
Bibliothèque nationale du Québec
Bibliothèque nationale du Canada

*La Société des musées québécois, organisme à but non lucratif, reçoit
l'appui du ministère des Affaires culturelles du Québec et du ministère des
Communications du Canada.*

Avant-propos

La Société des musées québécois représente l'ensemble du milieu muséal québécois. Elle compte parmi ses membres des institutions et des individus de partout sur le territoire. De Sept-Îles à Hull, de Sherbrooke à Chicoutimi, des muséologues ont choisi de se regrouper pour bien sûr constituer une force agissante mais aussi pour permettre l'échange et le développement.

Il est en effet crucial que les membres de la Société se dotent d'instruments permettant de faire la part entre les différentes expertises et les diverses expériences. Être membre de la Société, c'est ne plus être seul, c'est partager une vision et une volonté, c'est être solidaire du développement culturel.

C'est dans cette perspective que nous avons mis sur pied la série des forums, véritables occasions de partage et de perfectionnement. Prendre un sujet de préoccupations, rassembler des praticiens, leur demander de réfléchir et faire connaître cette réflexion à l'ensemble de la communauté, voilà l'essentiel de notre démarche.

En cette année où les muséologues du monde entier nous font l'honneur de visiter le Québec, la Société a demandé à Michel Côté de prendre en charge notre troisième forum et de poser la question des tendances muséales au Québec. D'où venons-nous ? Où allons-nous ? Cette démarche rejoint fondamentalement les orientations de la Société qui se doit d'être à l'affût des besoins des membres et des demandes de la population. Les musées et les centres d'expositions jouent un rôle essentiel dans la vie collective. La hausse récente de la fréquentation nous le démontre.

La belle entreprise qu'a représentée ce Forum 3 aura été d'autant plus enrichissante qu'elle a été réalisée avec la collaboration de deux partenaires dont les actions dans le domaine de la muséologie québécoise sont notoires. La Société remercie sincèrement le Musée de la civilisation et le Service des parcs d'Environnement Canada pour leur participation.

Je vous invite à prendre connaissance des textes présentés ici et à voyager avec les auteurs à travers les espoirs et les craintes liés à l'avenir. La muséologie est là pour demeurer et son développement est inévitable.

Sylvie Gagnon
Directrice générale
Société des musées québécois

Table des matières

Introduction

Forum sur les tendances de la muséologie au Québec

La Société des musées québécois tient cette année son troisième forum destiné aux muséologues québécois. Il est en effet important d'offrir aux praticiens des occasions d'échange et d'approfondissement dans un secteur en nette croissance et en plein bouleversement.

Depuis à peine vingt ans, le portrait de la muséologie s'est transformé de façon radicale. La création d'un service des musées privés au ministère des Affaires culturelles remonte à 1974. Durant cette année budgétaire, le Ministère a accrédité vingt-huit institutions et disposait d'un budget de 325 000 dollars. À l'heure actuelle, on dénombre plus de quatre cents institutions à caractère muséal, touchant le patrimoine culturel et le patrimoine naturel. Jardins zoologiques et botaniques, parcs naturels, musées, centres d'exposition, centres d'interprétation et autres constituent les entités variables d'un immense réseau couvrant l'ensemble du territoire.

Depuis 1988, on ne compte plus les chantiers (constructions, rénovations majeures, agrandissements...). Après le Musée de la civilisation, le Musée du Québec, le Centre canadien d'architecture, le Musée des religions et le Musée acadien du Québec à Bonaventure, le Québec a vu s'ériger le Musée des beaux-arts de Montréal, le Musée d'art contemporain, le Biodôme, le Musée McCord et beaucoup d'autres.

En matière de formation, on peut constater le même développement rapide. En juin 1978, paraissait le rapport sur la formation muséologique au Québec, plus communément appelé « rapport Jentel ». Les besoins étaient pressants. Depuis 1985, l'Université de Montréal et l'Université du Québec à Montréal offrent conjointement un programme de maîtrise en muséologie alors que l'Université Laval a mis sur pied un certificat de deuxième cycle en muséologie. La Société des musées québécois continue à offrir des séminaires, à présenter des colloques et à publier des documents spécialisés et de réflexion.

Du côté du public, on remarque le même phénomène rejoignant ainsi la tendance mondiale. De 1983 à 1989, on constate une hausse de fréquentation de 24 p. cent.

Et pourtant de nombreuses questions restent à l'ordre du jour. Le sous-financement des institutions n'est toujours pas réglé (le sera-t-il un jour ?). Devant la prolifération des institutions, on parle de plus en plus de faire une cartographie du secteur pour faciliter le choix des décideurs. Mais comment se dessinera cette carte des musées et comment se feront les choix ? Que dire de la problématique de la recherche et de la conservation ? Il s'agit là de fonctions trop souvent négligées. Et les publics, continueront-ils à augmenter ? Quelle sera la part de l'entreprise privée, celle des municipalités ? Et qu'en sera-t-il de la collaboration dans le réseau ? Du développement professionnel ? De notre articulation avec l'étranger ? Du développement d'autres modèles muséologiques ? Les questions sont nombreuses. Il est important d'identifier les tendances actuelles pour mieux cerner notre avenir. Se maintenir à la fine pointe de la muséologie, être en relation étroite avec l'évolution de nos sociétés, établir des liens constants avec les divers milieux, constituent des conditions préalables à notre développement.

Ce troisième forum a été élaboré à partir d'un certain nombre de postulats. Le premier, c'est qu'une institution culturelle ne vit pas dans un monde clos mais bien en interrelation avec son environnement. Sa survie dépend de ces rapports. Les cycles de vie et de croissance sont liés à la vie interne, bien sûr, mais aussi à la vie externe de l'organisation. Tous les directeurs d'institutions comprennent bien cette réalité.

Le deuxième postulat porte sur la capacité d'intervention des membres de ces institutions. Ce sont des hommes et des femmes, avec des aspirations, des visions et une volonté qui constituent l'essentiel des organisations. Ils peuvent et doivent intervenir sur le destin des organisations.

Le troisième postulat prétend que les musées ne vivent que pour des publics (actuels ou futurs) et, qu'en ce sens, la clientèle et la non-clientèle sont au cœur des préoccupations de nos institutions.

Il était donc normal de demander à des professionnels du milieu leur opinion sur ce développement et sur les tendances des musées québécois. Personne n'a de boule de cristal. Mais chacun possède une expérience directe de la muséologie, vit des problématiques particulières et tente de dégager l'avenir pour mieux gérer le présent. Par la réflexion et la poursuite du dialogue, la Société des musées québécois espère faciliter le changement et l'évolution, favoriser le développement et l'amélioration des musées et de la muséologie. Elle a donc invité au Forum des représentants de diverses institutions représentant des secteurs thématiques différents, des zones géographiques multiples, remplissant des fonctions variées et ayant des vocations propres. Montréal, Québec, régions (régions urbaines et rurales), musée d'art, d'histoire, de science, centre d'interprétation, centre d'exposition, nouvelle muséologie, musée d'État, musée privé..., il était important de tenir compte de la réalité du réseau muséal québécois.

La démarche suivie a été simple. À partir d'un texte rédigé par le coordonnateur du Forum (qu'on retrouvera en première partie), les participants étaient invités à présenter, par écrit, leurs réflexions et leurs points de vue. Dans un deuxième temps, ils se sont réunis pour échanger et connaître les divers propos. Par la suite, les membres du Forum ont repris leurs textes. Le présent document reproduit ceux-ci et tente de dégager, en conclusion, les éléments porteurs des discussions. Il est en effet possible, comme on le verra ici, d'identifier un certain nombre de tendances.

Le Forum n'est pas une réponse définitive. C'est d'abord un lieu d'échange et de confrontation. La Société des musées québécois espère simplement qu'il est aussi un déclencheur et une occasion de réflexion pour l'ensemble du milieu muséal.

Je tiens à remercier l'ensemble des participants pour leur engagement et la qualité de leur intervention. Ce fut pour moi un plaisir de les accompagner tout au long de cette démarche.

Je remercie également Linda Lapointe, qui a été l'âme du dossier de la formation et du Forum au sein de la Société des musées québécois, et Martin Le Blanc, du Musée de la civilisation, qui m'ont épaulé dans la préparation du Forum et de cette publication.

Michel Côté
Coordonnateur

FORUM SUR LES TENDANCES DE LA MUSÉOLOGIE AU QUÉBEC

Michel Côté

Directeur
Direction de la diffusion et de l'éducation
Musée de la civilisation, Québec

En cette fin de millénaire, les travaux touchant à la prospective se font de plus en plus nombreux. La magie des nombres fait son œuvre. Dossiers spéciaux, revues spécialisées, livres savants ou de vulgarisation – et pourquoi pas des expositions –, chacun y va de sa tentative de comprendre les mécanismes du présent pour mieux percevoir la tournure que prendra le futur.

Bien sûr, les méthodes d'appréhension de la réalité peuvent être nombreuses – utopiques, esthétiques, sociologiques, statistiques, etc. – et toucher des champs globaux (survie de la planète, technologie…) ou spécifiques (évolution du transport, de l'emploi, de la santé…).

Notre choix est plus modeste. Il vise à dégager, dans un secteur spécifique, celui de la muséologie, les éléments porteurs du présent tout en s'appuyant sur le passé.

« Bien sûr, la tendance renseigne sur ce qui se dessine, sur ce qui vient, mais là n'est pas sa raison d'être ; elle n'est pas un instrument de prévisions mais plutôt une façon d'analyser ce qui change, ce qui est différent. »[1]

Le monde muséologique est en ébullition ; non seulement les musées se rénovent, se transforment, se construisent, mais les approches se multiplient et les définitions semblent trop étroites pour les réalités nouvelles.

Entendons-nous bien. Il ne s'agit pas d'angoisser et de répéter que la muséologie n'est plus la muséologie, qu'il y a les bons et les mauvais, les faux et les vrais. Non, il faut plutôt essayer de comprendre comment se vit l'évolution d'un secteur culturel en croissance, dans une société qui est elle-même en transformation car, ne l'oublions pas, les musées vivent dans des sociétés données et sont en étroites relations avec celles-ci. Les musées changent parce que les sociétés changent.

L'objectif du séminaire de la Société des musées québécois est de dégager les principales tendances sociales qui ont un impact direct sur l'évolution de la muséologie et d'identifier les points névralgiques ou les passages obligés de réflexion et de prise de position du monde muséal. Mondialisation, développement technologique, évolution démographique, évolution sociale, développement économique, environnement, voilà des mots clés et des champs d'analyse que les muséologues comme les autres protagonistes sociaux ne pourront éviter.

Mondialisation

Tout le monde s'entend pour parler de la mondialisation de l'économie et pour constater la mise sur pied d'une multitude d'organismes internationaux (Amnistie internationale, Greenpeace). Les solutions aux problèmes (environnementaux, économiques et même culturels) passent souvent par des tractations multigouvernementales, des ententes et des stratégies internationales ou des objectifs mondiaux. Compte tenu de la situation géographique et démographique du Québec, nous ne pouvons passer à côté de cette tendance. D'ailleurs, au cours des dernières années, la préoccupation et l'action internationale se sont considérablement développées.

La câblodistribution fait en sorte que plus des deux tiers de la population captent, non seulement les émissions québécoises et canadiennes, mais les chaînes américaines et la télévision francophone hors Amérique. Les grands événements internationaux (que ce soit Expo 67, les Jeux olympiques ou les Festivals du film du monde, les Festivals d'été ou les autres grandes fêtes internationales) ont eu beaucoup de résonance dans la population.

Dans le domaine muséologique, il y a bien sûr les grands *blockbusters* auxquels nous pouvons faire référence (*Les Impressionnistes* au Musée du Québec ou les grandes expositions du Musée des beaux-arts de Montréal ou du Palais des civilisations), mais aussi la percée et la reconnaissance de certaines de nos institutions au plan international (Centre Canadien d'Architecture, Cinémathèque québécoise...), la présentation d'expositions mettant en valeur des collections en provenance de l'étranger et des réalités culturelles différentes (*Tunisie, terre de rencontre* et *Turquie, splendeurs des civilisations anatoliennes* au Musée de la civilisation) ou s'interrogeant sur la présence des artistes québécois à l'échelle internationale (Musée du Québec).

Les prêts et les emprunts d'objets, les échanges d'expositions ou, tout simplement, d'expertises et les liens de collaboration se multiplient dans nos institutions. D'une part, le public s'intéresse à la réalité mondiale et, souvent, il a eu des contacts directs avec des institutions ou des produits étrangers ; il veut comprendre et savoir et il peut comparer. D'autre part, les muséologues québécois ont le désir d'appuyer leur développement sur une base internationale, de profiter de l'expertise et des richesses de partenaires étrangers et de faire connaître leur propre expertise et leurs propres richesses. ICOM 92 s'inscrit dans ce mouvement de mondialisation.

Développement technologique

«Appréciée pour son utilité, rejetée pour ses contraintes, la technique est bien plus qu'une collection d'outils, dociles ou rétifs. Elle est l'incarnation des rêves.»[2]

Il est évident que les applications de l'informatique sont de plus en plus variées dans les bureaux et qu'on dénote une progression de l'automatisation dans les entreprises. Cette arrivée massive a entraîné des discussions sur l'organisation du travail, les qualifications et l'efficacité.

De plus, l'évolution rapide et constante des moyens de communication (on imagine facilement l'impact de la télévision sur l'appréhension de la réalité) a transformé radicalement non seulement les valeurs mais les modes de connaissances.

Si certains perçoivent la technique comme une contrainte, d'autres y voient une source nouvelle de liberté. Dans tous les cas, on dénote une interdépendance directe entre la technologie et le social.

Concevoir un musée en 1992, c'est se questionner sur la place de la technologie dans notre organisation. Plusieurs pensent aux vidéodisques et aux collections ou aux équipements interactifs dans les expositions ou les ateliers éducatifs. D'autres se questionnent sur la place de l'audiovisuel comme document support à l'ethnologie, comme appui à la mise en valeur ou comme outil de création.

Les musées de science sont aux prises avec la difficulté de mettre en valeur des processus ou des fonctions qui maintenant se passent dans des appareils sophistiqués; les musées d'art présentent parfois des travaux de créateurs utilisant une technologie avancée; tous les musées se retrouvent avec, d'une part, un public manipulant avec dextérité des appareils et ayant une culture technologique et, d'autre part, un public manifestement mal à l'aise avec la technologie.

Les conservateurs voient donc arriver dans leur environnement de travail, non seulement de nouvelles technologies, mais de nouveaux spécialistes offrant de nouvelles approches.

L'audiovisuel n'a jamais remplacé les enseignants bien que tous les prophètes aient prédit la fin de ce métier ; mais ces derniers ont dû adapter leur mode de communication pour tenir compte des nouvelles sensibilités.

Évolution démographique et sociale

Les tendances démographiques au Québec sont relativement claires. Alors que nous avions, dans le passé, une forte croissance démographique, nous nous retrouvons maintenant devant une croissance quasi stationnaire.

De plus, le Québec a compensé ses soldes migratoires interprovinciaux négatifs par des soldes internationaux positifs. En effet, la nouvelle politique québécoise « dans le but de contrer les perspectives de décroissance s'est résolument engagée depuis 1985 dans un programme progressif de hausse permanente et réaliste de ses niveaux d'immigration »[3].

Par ailleurs, il y a une concentration accrue de la population autour des grands centres urbains et une réduction continue de la population rurale. Le rapport de 1989 du Conseil des Affaires sociales nous parlait de deux Québec dans un, de zones de désintégration et de zones de croissance.

Quelles sont les conséquences de ces tendances sur le rôle, la place et le mode de fonctionnement des musées ? Pourrions-nous exprimer des hypothèses sur les rapports entre le vieillissement de la population et le niveau de fréquentation des institutions ? Comment aborder de nouveaux types de clients ? Serons-nous obligés de redéfinir nos notions de patrimoine et revoir nos champs de collectionnement ?

La question des rapports entre les centres urbains (Montréal-Québec) et les régions est toujours d'actualité. Si la notion d'une carte nationale des équipements culturels fait rapidement consensus, on peut prévoir des débats houleux sur la nécessité et l'urgence de certains établissements. Développement régional, développement économique et développement culturel semblent de plus en plus liés et les musées, qui sont fortement engagés dans leur milieu, ont parfois un rôle moteur essentiel pour un territoire donné.

En parallèle à la notion de village planétaire se développe un sens profond de l'espace réel. L'apparition des écomusées, le développement des musées régionaux où la mise en valeur des produits culturels spécifiques est fondamentale, la soif des patrimoines et de l'histoire locale sont peut-être dans cette lignée de la recherche de l'identité et du besoin de se redéfinir à partir d'un espace.

Développement économique

Resserrement des dépenses de l'État, contrôle accru de l'économie du Québec par les francophones, problématique de l'offre et de la demande, nouveaux partages de pouvoirs et augmentation des revenus autonomes, problèmes permanents de sous-financement des institutions, autant de têtes de chapitre qui sont familières aux muséologues.

Le rapport Coupet a fait le tour de la question et a dégagé un certain nombre de constats.

Sans reprendre ici la totalité des remarques de ce rapport, retenons que le secteur muséologique québécois est encore très en retard par rapport à l'Ontario, que l'offre est en pleine explosion, que les municipalités investissent timidement et que les difficultés financières des petits musées amènent des restrictions considérables à l'embauche du personnel.

Il y a présentement un engouement pour le secteur muséologique et on voit chaque jour apparaître un nouveau projet. Les définitions traditionnelles de la muséologie se font de plus en plus étroites et la terminologie (économusées, écomusées, centres d'interprétation, centres d'exposition, musées thématiques, musées...) laisse bien voir cette effervescence. Il semble d'ailleurs que le public en redemande puisque le secteur muséologique voit une augmentation constante des visiteurs.

Évidemment, l'État (que ce soit le ministère des Affaires culturelles, Communications Canada ou d'autres organismes gouvernementaux comme le ministère de l'Enseignement supérieur, de la Science et de la Technologie ou les organismes à vocation de développement régional et économique) se doit de gérer ce développement de façon particulière. Quelle attitude devraient avoir les gouvernements et quels sont leurs moyens réels?

Peut-on prévoir un engagement accru des municipalités et à quelles conditions? Quelle devrait être la part de financement lié à la commandite et est-ce réaliste? Peut-on inventer de nouvelles façons de voir un partenariat économique?

Voilà un certain nombre de tendances sociales qui ont une influence directe sur nos institutions. Il est peut-être possible d'en imaginer d'autres. Ainsi, la vision environnementale a-t-elle un rapport avec le développement muséologique? Certains diront que c'est une préoccupation obligée, puisque la survie de la planète dépend d'une transformation profonde de nos comportements et de nos modes de consommation.

Le musée n'étant évidemment pas une institution statique – si c'est le cas, il sera vite dépassé –, il devra subir au cours des années de profonds changements.

Michel Côté est directeur de la Direction de la diffusion et de l'éducation au Musée de la civilisation. Il est également chargé de cours en muséologie à l'Université Laval, à Québec. Il a agi comme consultant auprès de nombreuses institutions culturelles et a été président de la Société des musées québécois de 1988 à 1990. Depuis 1988, Michel Côté est président du Comité de l'événement pour l'ICOM 1992.

Notes

1. Simon Langlois, *La société québécoise en tendances 1960-1990*, Institut québécois de recherche sur la culture, 1990, p. 20.

2. *2 100 récits du prochain siècle*, sous la direction de Thierry Gaudin, p. 21.

3. *Rôle de l'immigration internationale et l'avenir démographique du Québec*, p. 63.

LE REFUS DE LA NOSTALGIE

John R. Porter

Conservateur en chef
Musée des beaux-arts de Montréal

À 10 heures, le samedi 30 novembre 1991, le Musée des beaux-arts de Montréal ouvre gratuitement ses portes au public dans le cadre des fêtes d'inauguration de son nouveau pavillon. En 36 heures consécutives, pas moins de 44 500 visiteurs enthousiastes franchissent les portes du musée dans une atmosphère de *happening*. Dans la foulée de son agrandissement, le grand musée d'art de la rue Sherbrooke prévoit par ailleurs l'organisation, au cours de la seule année 1992, d'une bonne quinzaine d'expositions dont l'échelle, le contenu et l'approche traduisent une grande variété de préoccupations : *Jean-Paul Riopelle, L'architecture des frères Maxwell, Chefs d'œuvre de la collection Guggenheim, Snoopy, Natalya Nesterova, Le génie du sculpteur dans l'art de Michel-Ange, Un nouveau parcours de l'art canadien, Le meuble de goût à l'époque victorienne au Québec, La peinture au Québec (1820-1850), Les estampes de Tissot, Boîtes à encens japonaises, Photographies de Karsh*, etc.

À l'évidence, ils sont bien loin ces jours tranquilles de 1860 qui ont vu la fondation de la «Art Association of Montreal», l'ancêtre du Musée des beaux-arts. La nouvelle association comptait alors 80 membres et elle n'allait disposer d'une véritable galerie d'exposition qu'en 1879, au Square Phillips. Une trentaine d'années plus tard, un nouveau musée, plus spacieux, est érigé rue Sherbrooke, essentiellement grâce au mécénat des grandes familles anglophones de la ville. En 1949, la Art Association change de nom et devient le « Montreal Museum of Fine Arts ». L'institution compte alors quelque 6 200 œuvres et objets d'art. Dès lors, les expositions commencent à se faire plus nombreuses et, tout naturellement, le public de l'institution s'accroît. Dans les années 1960, on voit tripler le chiffre d'affluence alors que l'établissement prend le nom de « Musée des beaux-arts de Montréal – The Montreal Museum of Fine Arts ».

En 1972, l'ancienne institution privée devient une corporation indépendante à charte publique. Profitant des nouveaux espaces générés par l'agrandissement de 1973-1976, le musée continue d'élargir sa clientèle. Ainsi la dernière décennie voit-elle l'organisation d'une dizaine de grandes expositions qui attirent chacune des centaines de milliers de visiteurs. Grâce au pavillon inauguré en novembre 1991, le musée pourra désormais accroître considérablement la visibilité de ses riches collections permanentes – lesquelles comptent quelque 25 000 œuvres et objets – et accueillir des expositions temporaires plus nombreuses et de plus grande envergure.

Dans la mesure où le cas du Musée des beaux-arts de Montréal peut être représentatif, on conviendra que l'histoire des grands musées d'art témoigne d'une constante évolution. Et qu'on ne s'y trompe pas, cette évolution ne se limite pas à une augmentation périodique des espaces d'exposition, des collections et du public ! Hier comme aujourd'hui, le musée d'art a dû préparer l'avenir en étant à l'écoute des changements sociaux et en se montrant sensible à l'émergence de nouvelles pratiques culturelles. D'où l'intérêt tout particulier du présent exercice qui, au-delà de l'effervescence et des contraintes du quotidien, nous invite à réfléchir aux tendances qui caractérisent le devenir de l'institution muséale. Cet exercice de prospective, à la fois stimulant et périlleux, j'entends pour ma part le mener à partir du point de vue d'un praticien œuvrant dans un grand musée d'art et en m'intéressant tour à tour à l'œuvre d'art, à ses destinataires, à ses modes de mise en valeur et aux professionnels qui en ont la charge.

L'œuvre d'art

Au siècle dernier, l'amateur d'art sédentaire voyageait volontiers dans le temps et dans l'espace par l'entremise des œuvres et des objets conservés au musée. Aujourd'hui, le musée demeure un lieu d'aventure, mais suivant de nouvelles dynamiques. Pour pasticher les préoccupations du cinéaste Wim Wenders à propos de notre façon contemporaine de voyager, il faut bien admettre que les collections d'art de tous les continents sont devenues à ce point accessibles qu'on a souvent une très bonne idée des images que l'on va voir avant même d'être rendu à destination! De fait, nombre d'œuvres d'art connaissent une large diffusion par le canal de reproductions de toutes sortes : copie, photographie, livre, télévision, film, vidéo, affiche, etc. Grâce aux techniques informatiques de numérisation, de traitement et de transmission des images, les œuvres des musées et des galeries seront par ailleurs de plus en plus accessibles en quelques instants dans le monde entier. À n'en pas douter, la révolution informatico-médiatique a et aura un impact sur le statut de l'œuvre d'art. Par-delà ses avantages indéniables, elle risque toutefois de banaliser l'image, d'en simplifier la portée et d'entraîner différentes formes de passivité. La reproduction grand format ou la réduction «clip» uniformise, évacue les différences de médiums et de contexte et peut mettre sans broncher sur le même pied une miniature anonyme du XIIe siècle et un grand stabile d'Alexander Calder. D'où la nécessité de maintenir ou de réinventer un espace critique au-delà des tendances à la consommation visuelle facile ou superficielle[1]. Et ce d'autant qu'on assiste à un élargissement très marqué du corpus des œuvres et objets d'art à la faveur du développement des connaissances, des outils de diffusion et des échanges internationaux entre les musées.

L'œuvre d'art, faut-il le rappeler, est le fondement des grands musées d'art. Suivant un curieux paradoxe, cet héritage du passé constitue la pierre d'angle de l'avenir du musée. Ce qui en fait la force et l'originalité, c'est justement son actualité et sa capacité de durer. On n'épuise pas une œuvre d'art. On peut l'investir sans relâche mais sans jamais arriver à la circonscrire entièrement. Elle est au fond un geste de liberté qui appelle une liberté du regard. Cette liberté, il appartient au musée d'art de la stimuler au gré de contextes changeants et de sensibilités nouvelles. Il suffit de jeter un œil à la variété des modes d'accrochage ou de mise en valeur adoptés successivement par le passé pour en apprécier l'évolution et pour ne pas jeter les hauts cris devant le recours ponctuel aux ressources contemporaines de l'animation. En dernier ressort, chacun reste libre d'interpréter et d'apprécier l'œuvre d'art à sa manière, selon son expérience, sa réceptivité, sa sensibilité et sa culture profonde. Comme l'a justement noté Pierre Théberge, directeur du Musée des beaux-arts de Montréal, «l'œuvre d'art est plus qu'une image. L'expérience que l'on a devant l'original est unique. Cette émotion tient à la continuité dans l'histoire, c'est quelque chose d'un peu magique. L'image de la réalité n'est pas la réalité. La vérité de l'objet est essentielle »[2].

Cela dit, on assiste depuis quelques années à un recul des vieilles hiérarchies en matière d'œuvres et d'objets d'art, les chefs d'œuvre de la peinture et de la sculpture acceptant plus volontiers le voisinage d'œuvres et d'objets moins prestigieux mais non moins évocateurs. De fait, la volonté de cerner globalement le contexte et les manifestations de la créativité humaine à une époque particulière peut entraîner le regroupement inédit d'éléments relevant de catégories et de médiums fort divers. Tout récemment, le panorama des *Années 20* au Musée des beaux-arts de Montréal ne regroupait-il pas, en plus d'un éventail significatif de tableaux, de sculptures, de dessins et de gravures, des objets décoratifs de toutes sortes, des maquettes d'architecture, des photographies, des affiches, du matériel cinématographique, une automobile, un avion, etc. Ajoutons à cela l'ouverture du musée à des expositions particulières tournées vers des facettes de la créativité humaine ancrées dans le quotidien et distinctes de ce qu'il est communément convenu d'appeler le Grand Art. Des expositions comme *Pierre Cardin/passé, présent, futur* ou *Snoopy entre au Musée* sont significatives en ce qu'elles traduisent un élargissement de la palette des musées d'art. Qui sait d'ailleurs si le musée de l'avenir ne s'intéressera pas à d'autres volets encore insoupçonnés ? Faut-il voir un indice dans l'ouverture récente d'un Musée de la radio et de la télévision à New York, un musée qui prétend traiter à l'égal d'un art majeur cette chose fugitive, familière et banale qu'est la télévision ?[3] Plus près de nous, le musée d'art est déjà interpellé par les manifestations de l'art contemporain qui milite en faveur d'un éclatement des genres, médiums et formats, et qui, de surcroît, refuse souvent le concept de durée. Le musée d'art de demain parviendra-t-il à conserver dans ses murs un art réfractaire aux cloisons et aux frontières ? Face à l'art actuel, le musée n'apparaît plus comme un écrin, mais comme le lieu d'une remise en question aux lendemains incertains.

Les destinataires

Le musée d'art n'est plus un club fermé réservé à une élite d'amateurs nantis et à une poignée d'érudits en quête de contemplation tranquille. Il laisse toujours place à la délectation, mais cette pratique n'est plus exclusive. Les diverses collections permanentes continuent néanmoins d'afficher le goût, la curiosité et les limites financières des généreux collectionneurs d'autrefois. L'héritage de ceux-ci est bien sûr significatif sur les plans historique et artistique même s'il ne rejoint pas toujours les préférences du public contemporain. Au milieu d'une collection encyclopédique, ponctuée de points forts, les œuvres de tout premier plan ne s'avèrent pas aussi nombreuses qu'on le souhaiterait parfois, la représentation de certains mouvements apparaissant d'ailleurs ténue, tandis que nombre d'artistes fameux brillent par leur absence. Et inutile de dire que les contraintes du marché de l'art ne laissent pas entrevoir le jour où l'on pourra combler de tels vides. Dès lors, on ne s'étonnera pas qu'un musée comme le Musée des beaux-arts de Montréal mise sur un ambitieux programme d'expositions temporaires, complémentaires aux ressources de sa collection permanente, pour satisfaire l'appétit visuel d'une clientèle croissante.

Au décloisonnement des œuvres exposées a répondu l'élargissement continu de leurs destinataires. L'histoire des collections et musées d'art est celle d'un passage progressif du privé vers le public. Et tout indique que cette tendance de fond va se poursuivre à l'avenir selon des modalités qui nous échappent encore. Le pluralisme des clientèles suivant le revenu, le sexe, la famille linguistique, l'âge, la scolarité ou le statut civil constitue par ailleurs une tendance de fond qui façonne déjà le quotidien du musée d'art.

Le musée d'art s'inscrit donc, à sa façon, dans le mouvement vers une culture populaire plus horizontale et décloisonnée, ce qui n'exclut évidemment pas le maintien de pratiques traditionnelles. Ainsi, l'institution muséale est-elle appelée à faire voisiner des expositions peu traditionnelles, des présentations faciles d'accès ou éclectiques, et des manifestations de haute volée destinées avant tout à un public d'initiés. Les motivations des visiteurs se font par conséquent plus nombreuses. Et, dans une bonne mesure, elles sont naturellement propres à la culture contemporaine : attrait pour de nouvelles images, goût du spectacle, volonté de participer à l'événement, curiosité, nostalgie, besoin d'évasion, pratique de consommation, etc. Dans la même foulée, on note enfin que le temps de nombreux visiteurs n'est plus le même qu'autrefois. Par-delà les variables et les exceptions, on constate en effet que le regard est souvent plus pressé et l'approche des œuvres plus impressionniste.

Les modes de mise en valeur

Pour faire face à la fragmentation des intérêts d'une clientèle plus pressée que naguère, nombre d'institutions culturelles n'hésitent pas à diversifier leur programmation ou à se tourner vers des activités complémentaires à leur vocation première. Ainsi, pour accroître la clientèle des lecteurs et se donner un nouveau souffle, on voit des bibliothèques publiques flirter avec des activités musicales, théâtrales et artistiques, ou encore faire appel aux ressources du marketing et de l'animation. De même le musée d'art d'aujourd'hui cherche-t-il à répondre aux tendances culturelles qui privilégient la polyvalence, le décloisonnement et la curiosité. Il doit lui aussi concurrencer la télévision, le cinéma et le vidéo, tenir compte d'un rythme de vie plus rapide, des intérêts éclatés de son public et de la complémentarité – voire de la concurrence – d'autres institutions muséales. Cela l'oblige bien sûr à multiplier les stimuli et à entretenir la curiosité de manière à assurer le maintien ou l'accroissement de sa clientèle. Et il saute aux yeux que les ressources d'une collection permanente – même lorsqu'elle est abondante, diversifiée, redéployée et « animée » – ne peuvent suffire à l'atteinte d'un tel objectif. Il suffit de voir la place que la programmation des grands musées de New York et Washington réservent à d'importantes expositions temporaires pour s'en convaincre. Au-delà des questions de principe et d'un point de vue strictement financier, il faut bien admettre qu'aujourd'hui, ce sont les « rentables » attraits de l'éphémère qui permettent dans une bonne mesure le maintien et la mise en valeur du permanent. Il y a d'ailleurs fort à parier qu'une part du financement public du Musée des beaux-arts de Montréal fondrait comme neige au soleil si l'institution cessait d'attirer les foules et si son public se réduisait soudainement à quelques esthètes admiratifs passant des heures devant telle ou telle œuvre de la collection permanente. Je caricature bien sûr un peu, mais il m'arrive encore d'entendre évoquer avec nostalgie le bon temps où l'on pouvait couler des heures tranquilles dans la fraîcheur des grandes salles d'un musée peu fréquenté !

Cela dit, il faut bien sûr se garder de tomber dans le travers inverse en se complaisant dans le fugace et le superficiel. On sait combien la tentation du spectacle global et total est forte dans le monde occidental contemporain, le poids des médias accentuant sans cesse la contamination réciproque du réel et de l'imaginaire[4]. Le musée d'art n'est pas imperméable à ce courant, sa programmation témoignant à l'occasion d'une certaine tendance au musée-spectacle. En autant que la chose demeure marginale, il n'y a pas lieu de s'en inquiéter outre mesure. À la limite, cela démontrerait même que le musée d'art est bien de son temps ! Au fond, l'important est de maintenir et de privilégier un équilibre et une polyvalence dans les approches et les modes de mise en valeur qui sous-tendent la programmation, qu'il s'agisse de grandes machines rétrospectives à caractère interdisciplinaire, d'expositions monographiques traditionnelles, de petits accrochages spécialisés, de présentations franchement populaires, de contenus dont la portée est internationale, nationale ou régionale, etc. Après tout, c'est cette diversité et cette abondance qui stimulent l'ouverture d'esprit, la curiosité intellectuelle, l'apprentissage et, bien sûr, la tolérance.

Chose certaine, on assiste à une multiplication constante des corridors d'accès au musée d'art, corridors qui passent tout autant par des programmes éducatifs et culturels, sophistiqués et imaginatifs, que par des expositions consacrées à des personnages populaires de bandes dessinées, par exemple. Et pourquoi pas! Plusieurs visiteurs trouveront là un prétexte pour prendre un premier contact avec le musée ; pour les uns, ce sera peut-être un passage sans lendemain alors que pour d'autres, ce sera l'amorce d'une fréquentation assidue. En fin de compte, l'important est de cultiver le regard et d'éveiller la curiosité pour l'univers des formes.

Comme nombre de ses partenaires, le musée d'art est devenu un lieu de rassemblement, de rencontre, d'apprentissage et de repos. À la faveur de son dernier agrandissement, le Musée des beaux-arts de Montréal a multiplié par trois ses espaces publics. Son nouveau pavillon se distingue en outre par les multiples points de vue qu'il offre sur le pavillon nord, la rue Sherbrooke, la montagne et le fleuve. Un tel parti architectural est significatif, car il vient en quelque sorte ancrer dans la solidité du marbre et la transparence du verre le beau pari de l'ouverture du musée sur la ville.

Les professionnels des musées

Bon an, mal an, le grand musée d'art est entré dans l'ère de la consommation de masse en acceptant d'étendre ses frontières et d'accroître ses fonctions. La preuve en est que nombre de professionnels du milieu mesurent aujourd'hui le succès d'une exposition à l'aune de sa fréquentation, de ses revenus et de sa couverture médiatique. C'est là un indice qui ne ment pas et qui témoigne du poids de la rentabilité – entendue au sens large – dans la dynamique d'une programmation. Dans ce contexte, on ne s'étonne pas de l'importance croissante des relations publiques et du recul relatif des conservateurs sur l'échiquier muséal.

Le profil du conservateur œuvrant dans un musée d'art a bien changé depuis une trentaine d'années. Lui aussi a été marqué par un phénomène de décloisonnement inéluctable. Il est loin le modèle d'autrefois dont l'image aussi réductrice que surannée, laissait entrevoir un monsieur respectable gardant jalousement les trésors de « sa » collection. Ses connaissances et ses jugements sans appel étaient alors à la mesure de son autorité morale et de son poids institutionnel. Aujourd'hui, le conservateur doit composer avec bien d'autres professionnels : avec des restaurateurs capables de remettre en cause des opinions que l'on croyait naguère immuables ou avec des services éducatifs et culturels aussi sensibles aux attentes du public que rébarbatifs à des énoncés qu'ils jugent parfois trop savants. Et puis il y a les impératifs incontournables des communications, car on ne gère pas de la même manière une exposition qui, autrefois, pouvait attirer quelques centaines de personnes et celles qui, aujourd'hui, doivent drainer des centaines de milliers de visiteurs. En bref, à l'instar de sa face publique, l'image interne du grand musée d'art s'est singulièrement complexifiée : multiplication des conservateurs suivant des champs de spécialisation particuliers, diversification des services, fragmentation des opérations. Autrefois l'affaire d'une poignée de personnes, le musée d'art est devenu une ruche pluraliste qui, pour donner son miel, doit miser sur l'innovation, les échanges, le compromis et une franche complicité.

Pour le conservateur en particulier, le changement est d'autant plus sensible qu'il présente un profil individuel prononcé et qu'il n'est pas conforté par l'appartenance à une quelconque corporation professionnelle. Il voit au contraire son statut fluctuer au gré de l'évolution et des besoins particuliers d'une institution à laquelle il loue en quelque sorte ses services d'historien d'art. Ajoutons à cela que le conservateur est aux prises avec des calendriers mouvants, un ordre du jour plus chargé, des exigences croissantes reliées à la mise en valeur de la collection dont il est responsable, la pression des collectionneurs et marchands, sans compter la nécessité d'affirmer son expertise et de se tenir à jour au chapitre du développement des connaissances. Et n'oublions pas la « concurrence » des universitaires et chercheurs autonomes qui, à leur tour, ont en quelque sorte conquis une part du terrain qui constituait autrefois la chasse gardée du conservateur. Ainsi les grandes expositions sont-elles de moins en moins le fait d'une seule personne comme autrefois. Ici, le décloisonnement institutionnel se manifeste par la mise sur pied d'équipes de spécialistes d'envergure nationale ou internationale provenant de divers horizons disciplinaires et qui investissent désormais le champ des expositions et des catalogues. Il appartiendra dorénavant au conservateur de vivre avec ces nouvelles réalités tout en demeurant au sein du musée le premier défenseur des collections qui constituent sa raison d'être. Et sans doute y parviendra-t-il s'il se tourne franchement vers l'avenir plutôt que de se complaire dans la nostalgie rêveuse d'un passé souvent mythique.

Dans une prise de position récente, l'historien d'art Édouard Pommier réaffirmait ainsi la nécessité de respecter ou de restituer la «sacralité» du musée:

> «Le musée est encore le lieu où peut s'opérer le miracle de la transcendance, c'est-à-dire la rencontre, dans le silence et l'intimité, d'un être humain avec une image à laquelle, hier ou jadis, ici ou très loin, un autre être humain a conféré une vie qui les dépasse, l'un et l'autre.»[5]

Personnellement, je souscris volontiers à ce discours, mais sous réserve de l'approche nostalgique et exclusive qui l'accompagne. D'autant que si la rencontre intime et intemporelle souhaitée par Pommier est aujourd'hui possible, c'est paradoxalement, et pour une bonne part, grâce à l'afflux d'un public nombreux, bigarré et pressé. Ce sont ces foules aux attentes diverses et nouvelles qui permettent, notamment en regard des collections permanentes, de défrayer les coûts de la contemplation! Ce n'est pas parce qu'un musée d'art s'ouvre sur la ville et se décloisonne en termes de contenus et d'approches qu'il perd pour autant sa signification et sa légitimité. Encore une fois, tout est affaire d'équilibre. Si le Musée des beaux-arts avait prêté l'oreille aux chants des sirènes de la nostalgie plutôt que de prendre le parti délibéré de l'ouverture, il n'aurait sûrement pas profité de l'essor considérable qu'on lui connaît. Et en quoi le respect de la tradition ne serait-il pas conciliable avec les exigences du renouvellement et de la créativité ?

En somme, le mouvement vers le musée d'art polyvalent et décloisonné – écrin de témoins éminents de la créativité artistique de tous les temps, havre de recherches savantes, mais aussi lieu de consommation visuelle, forum éducatif ouvert à l'exploration, hôte de spectacles ou espace de détente et de rencontres – m'apparaît comme une tendance fondamentale qui va s'affirmer de plus en plus. Elle s'inscrit d'ailleurs dans la continuité du passage du privé vers le public qui a marqué l'histoire des collections et des musées d'art. De même, la multiplication et la diversification des expositions temporaires me semblent des indicateurs symptomatiques en ce qu'elles traduisent une ouverture des perspectives, une diversification des thèmes et une liberté nouvelle dans le recours à un large éventail de médiums. Ajoutons à cela que les espaces publics ont investi le musée suivant une dynamique d'osmose avec la Cité de telle sorte que les frontières sociales et les pratiques culturelles d'autrefois ne tiennent plus. Le musée est désormais ouvert sur la ville, au sens propre comme au sens figuré. Au-delà de la courbe ascendante des fréquentations, il faut aussi reconnaître que le visiteur du musée d'art ne présente plus un profil unique, ses goûts, attentes et besoins s'avérant fort variés. Du simple curieux, sensible aux mouvements de foule, jusqu'à l'amateur éclairé, en passant par le consommateur éphémère, l'écolier turbulent, l'esthète contemplatif ou l'historien d'art spécialisé, la palette des visiteurs s'avère de plus en plus un juste reflet de la société. Et c'est cette diversité qui contribue largement à faire du musée d'art un lieu bien vivant, fidèle au passé, attentif au présent et tourné vers l'avenir.

Professeur titulaire à l'Université Laval et conservateur en chef invité au Musée des beaux-arts de Montréal, John R. Porter est détenteur d'un doctorat de l'Université de Montréal. En 20 ans de carrière, il s'est distingué par la diversité de ses travaux, l'ampleur de ses réalisations et la qualité des historiens d'art qu'il a formés. Ses ouvrages de synthèse, monographies, catalogues, articles, projets de recherche, séminaires et conférences au pays et à l'étranger ont largement contribué à l'avancement des connaissances et au rayonnement de l'art du Québec.

Notes

1. À ce propos et dans une perspective plus large, voir Félix Guattari, « Pour une éthique des médias », *Le Monde*, 6 novembre 1991, p. 2.

2. Propos recueillis par Jocelyne Lepage dans *La Presse* du 9 novembre 1991.

3. Dominique de Saint Pern, « Une mémoire américaine », *L'Express*, 1er novembre 1991, p. 62-65.

4. Voir l'article intitulé « The Great Show of Life » dans le *New York Times* du 20 octobre 1991.

5. Édouard Pommier, « Prolifération du musée », *Le débat*, mai-juin 1991, n° 65, p. 145-146.

LE PUBLIC DANS LES MUSÉES :
UN DÉFI POUR LE MANAGEMENT

André Coupet

Directeur
Groupe SECOR inc.
avec la collaboration de Suzanne Chassé, associée
Zins, Beauchesne et Associés, Montréal

Le public dans les musées :
un défi pour le management

Que dirons-nous en l'an 2000 de la présence du public dans les musées ? Parlerons-nous d'une croissance fulgurante et continue qui aura transformé le public d'élite du début des années quatre-vingt en un large public dans le courant de 1990 – avec environ quatre citoyens sur dix qui vont au musée au moins une fois l'an –, pour déboucher sur une fréquentation massive en l'an 2000 ? Ou serons-nous portés à dire que l'engouement des années quatre-vingt ne s'est malheureusement pas poursuivi dans la dernière courbe du XXe siècle et que nos belles statistiques ont fondu comme neige au soleil ?

Bien sûr, le phénomène du public dans les musées s'appuie sur de grandes tendances de fond qui modèlent notre société : la recherche d'identité, la recherche de spiritualité, la curiosité…, tendances alimentées par toutes sortes de changements tels que la mondialisation, les difficultés sur le plan matériel ou social, la scolarisation, etc. Mais peut-on s'asseoir sur ces courants porteurs sans risquer un détournement de public ?

Les musées sont-ils assurés de cet acquis ? À l'instar du septième art qui a vu son public s'envoler vers la télévision et la vidéo, les musées ne pourraient-ils pas faire face à l'équivalent d'une « télévision haute définition » plus ou moins menaçante, dévoreuse potentielle de public ?

Sans vouloir discourir sur les lois de la maturité ou du déclin qui marquent la vie des phénomènes comme celle des humains et en refusant au contraire d'emblée la fatalité du paradigme du cycle, il apparaît dès lors opportun d'assurer la pérennité et le développement de la base que le public actuel constitue pour les musées.

De la conquête à la fidélisation par la compréhension

Ce public ne peut continuer de croître de façon durable que si les gestionnaires réalisent qu'il constitue le moteur du développement du musée : c'est le public qui a entraîné l'éclatement fantastique et ô combien bénéfique des formules muséales ; c'est le public qui amène les gouvernements et les commanditaires à investir davantage dans les musées ; c'est lui encore qui force les conservateurs à sortir de leur temple sacré les trésors jalousement gardés depuis des siècles.

Mais ce public, à moitié conquis – il reste tant à faire – il faut le garder, le faire revenir, l'habituer, le séduire à nouveau et, en un mot, le fidéliser constamment.

Or, la fidélité – comme chacun sait – s'appuie sur une compréhension profonde de l'autre. C'est pourquoi les gestionnaires du musée ne garderont et ne développeront leur public que s'ils intègrent respectueusement et résolument la fonction marketing ; non pas ce marketing de la visibilité, refuge d'une approche encore trop teintée de mépris, qui ne cherche qu'à pousser une idée ou une image, mais un marketing compris comme lieu d'échange entre l'offre et la demande, comme lieu d'intégration entre le concept muséal et le concept de service au client, dans une optique délibérée de qualité.

Concrètement, les musées ne peuvent aborder le défi du public qu'en s'attaquant d'abord à la clarification de leur mission, puis en s'efforçant de comprendre les publics et, enfin, en se dotant d'un concept de service engageant.

Clarifier les missions

La plupart des musées se sont donné un énoncé de mission où l'on retrouve, de façon plus ou moins explicite, les grandes fonctions muséales classiques, celles que l'ICOM a imposées *de facto*, « la collection, la conservation, la recherche, la diffusion et l'éducation ». Ces énoncés de mission offrent trop souvent l'inconvénient d'être larges, sujets à interprétation, et surtout de ne pas être suffisamment définis par rapport à ceux à qui les fonctions ainsi décrites s'adressent, de même que les activités et résultats qui en découlent.

En omettant la cible, les musées ne commettent pas là une erreur qui leur serait exclusive. Nombre d'organisations, publiques ou privées, sont encore, dès l'énoncé de leur mission, centrées sur elles-mêmes, sur leur produit ou leur métier. Mais, depuis l'irruption du phénomène du public, cette approche crée dans le monde muséal une certaine turbulence organisationnelle faite de confusion dans les orientations, les rôles et les responsabilités de chacun, de conflits quant à la primauté des décisions en matière de programmation et de tiraillements, bien sûr, quant à la répartition des budgets.

Les musées auraient avantage à resserrer leur mission autour de la notion de **contribution** en se définissant clairement par rapport aux deux grands axes que comporte la mission d'un musée :

- le premier axe s'adresse à la société tout entière ; par la constitution de collections, la contribution du musée à la société est celle d'en être la **mémoire**. Cette contribution est extrêmement importante si l'on veut comprendre d'où l'on vient et où l'on va puisque la collection, quelle qu'elle soit, rassemble de façon cohérente des objets porteurs de sens, témoins de la route que l'homme se trace ou se cherche ;

• le second axe concerne le public par l'entremise des fonctions diffusion et éducation. Qu'apporte le musée à tous ces publics qui s'intéressent à lui ? La contribution fondamentale, ultime, à tous ces gens qui composent le public muséal est simple ; il s'agit du **plaisir d'apprendre**. Le musée est là pour donner du plaisir au public, un plaisir mêlé d'émotion, un plaisir relié à celui de la découverte, de la compréhension de phénomènes aussi divers que fantastiques, mais un plaisir avant tout.

Dualité de la mission du musée

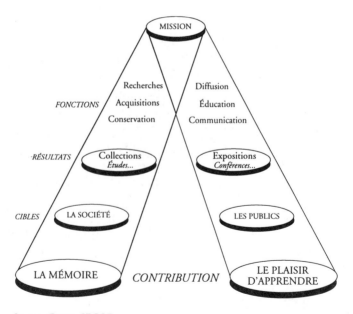

Source : Groupe SECOR

Cette précision est aussi significative pour un musée que pour un restaurant qui limiterait l'énoncé de sa mission à la nourriture, fût-elle gastronomique, au lieu de se définir dans la détente. Doté d'une mission incluant cette contribution au public, le musée, tout comme le restaurant, focalise son attention et ses ressources sur la satisfaction de ses clients, laquelle passera par la définition d'un concept de service à la hauteur des attentes du public.

Ces deux axes ne sont pas d'égale importance : certains musées demeurent concentrés sur la contribution à la société ; d'autres, comme le Musée de la civilisation de Québec, mettent volontairement l'accent sur la contribution au plaisir d'apprendre du public. Un débat confus mais réel est actuellement en cours dans le monde muséal quant au poids relatif de ces deux pôles. Il est clair que le second fait peur aux partisans du maintien autour du premier axe, l'engouement du public étant pour eux synonyme de démocratisation et, par voie de conséquence, de banalisation et d'appauvrissement du contenu culturel.

Cette crainte, qui ne pourrait être fondée que dans un milieu de charlatans, ne résiste pas à la réalité des dix dernières années, au dynamisme qu'apporte le public aux institutions muséales et ce, malgré les erreurs de parcours. Ce n'est pas par hasard que le Musée d'art contemporain de Montréal a décidé de rompre avec l'isolement pour se réinstaller au centre-ville à un point de convergence : il a besoin du public.

L'important pour une institution est de décider librement où elle situe son propre équilibre au sein de cette dualité ; par contre, à partir du moment où le public fait partie de sa mission en tant que cible, il convient d'assumer totalement ce choix en commençant par une compréhension sérieuse de ce public.

Comprendre les publics

Une enquête, effectuée récemment par le Groupe de recherche et de formation en gestion des arts de l'École des hautes études commerciales de Montréal auprès de musées canadiens, européens et américains, démontre que «les muséologues connaissent mal leur public visiteur». Les rares études de public ne font que dresser de façon superficielle le profil socio-démographique des visiteurs.

Ce constat démontre que la connaissance du visiteur n'est utilisée qu'à des fins promotionnelles et que le marketing compris comme véritable lieu d'échange n'a pas encore fait sa marque dans les musées : la demande n'est pas encore en mesure de définir les contours de l'offre.

Pourtant, une analyse fine des attitudes et comportements des publics peut aider le musée, d'une part, à mieux sélectionner ses expositions ou activités à caractère culturel et, d'autre part, à se positionner par rapport à ses clientèles cibles en tenant compte des différences qui existent entre les individus.

Pour ce faire, il convient de se détacher des critères de segmentation traditionnels constitués par les variables socio-démographiques et de retenir une classification utilisée en psycho-pédagogie, établie à partir d'attitudes dominantes chez les individus. En se référant aux quatre groupes décrits au tableau 1, on se rend facilement compte que le public cible traditionnel des musées se recrute parmi les cognitifs et les contemplatifs, tandis que les émotionnels et les actifs constituent la grande partie des non-visiteurs.

Tableau 1

Groupe d'individus	Attitudes dominantes	Clientèles a priori
I. Cognitifs	Privilégient la connaissance, l'intellect.	Visiteurs
II. Émotionnels	Sentent les choses, les ambiances. Aiment les événements…	Non-visiteurs
III. Actifs	Accordent de l'importance à l'action, aux activités, au toucher…	Non-visiteurs
IV. Contemplatifs	Valorisent le détail, l'exactitude, sont attentifs au thème, au message.	Visiteurs

Source : « Modèle d'analyse des clientèles muséales », Suzanne Chassé – Zins, Beauchesne et Associés.

Par ailleurs, il est intéressant de savoir que les 40 p. cent de gens qui vont au musée au moins une fois par an sont constitués de trois catégories :

- les **spécialistes** (environ 5 p. cent) : ce sont, bien sûr, des inconditionnels de la thématique présentée, qui vont au musée par passion ou par intérêt professionnel ou autre. Ils sont la plupart du temps très sélectifs. Un fanatique de la voiture, par exemple, adorera les musées de l'automobile et s'y comportera en grand spécialiste avec toutes les exigences du connaisseur ;

- les **consommateurs intensifs** (10 à 15 p. cent) : ce sont des gens qui, dans leur temps de loisir, vont de temps à autre au musée, trois fois ou plus par an ; ils préfèrent les musées d'art ; deux tiers d'entre eux ont au moins treize années de scolarité ; leur intérêt est d'apprendre, de vivre une nouvelle expérience ; ils comprennent assez bien le langage muséal ; ils ont d'ailleurs été familiarisés avec le musée dès leur enfance ;

- les **consommateurs occasionnels** (20 à 25 p. cent) : pour que ces gens aillent au musée, il doit s'agir d'un temps privilégié tel que le voyage ou un événement spécial : ces personnes se déplacent lorsqu'il s'agit de *blockbusters* ; ils préfèrent les musées autres que ceux d'art visuel ; un peu plus de la moitié d'entre eux ont plus de treize années de scolarité ; leur intérêt est centré sur la détente ; ils recherchent un environnement confortable ; le fait d'être allé à l'exposition est plus important pour eux que le contenu même de l'exposition.

Quant aux non-consommateurs (60 p. cent), la visite au musée n'est vraiment pas une activité prioritaire ; celle-ci n'est d'ailleurs nullement valorisée dans leur entourage ; les trois quarts d'entre eux ont une scolarité de moins de treize années et les musées sont encore pour eux une affaire de snobs, notamment envers ceux qui se disent les « amis du musée » ; ils craignent surtout de paraître ignorants puisqu'ils sont convaincus qu'il faut être diplômé en histoire pour y comprendre quelque chose.

Cette vieille image d'hermétisme et d'élitisme des musées n'est pas que dans la tête de non-visiteurs récalcitrants. Elle est encore bien entretenue dans nombre de musées, même chez certains qui disent s'ouvrir au grand public : on se définit toujours dans l'accrochage pur et dur, sans explication ni animation, la seule lecture du titre de l'œuvre nécessitant une excellente paire de lunettes ! On éprouve encore de la difficulté à admettre que le public désire être sollicité ; ne réagit-il pas positivement à des expositions telles que *Cité-Ciné* ?

Certains groupes de discussion réalisés par le Groupe SECOR avec des visiteurs, non spécialistes il est vrai, mais néanmoins « occasionnels » ou « intensifs », mettent en évidence des attentes que les musées ne pourront plus ignorer, notamment :

- «que les musées sachent accepter les non-spécialistes, monsieur ou madame Tout-le-Monde, même les non-instruits ; qu'ils ne nous rendent pas coupables de ne pas connaître » ;

- « que l'on puisse toucher aux objets » ;

- « qu'il y ait une certaine animation ; qu'on puisse participer à la découverte, sans trop d'effort, nous voulons nous détendre » ;

- « que l'on puisse bénéficier de guides capables de répondre à nos questions » ;

- «que les musées développent des thématiques reliées aux habitudes culturelles, à la tradition, ou à l'évolution technologique, à la condition que le contenu ne soit pas trop scientifique ».

Que ceci plaise ou non, voilà le matériau avec lequel il faut travailler à partir du moment où le public s'inscrit dans le cadre de la mission du musée. Et la réponse se structure à travers un concept de service branché sur ces attentes et sur la raison d'être de l'institution muséale, sur sa mission.

Le concept de service des musées

Notion nouvelle, mais qui s'imposera à brève échéance à toute entreprise – publique ou privée, à but lucratif ou non –, le concept de service constitue l'engagement, la promesse que l'entreprise entend livrer à ses clients.

Les musées ne peuvent échapper à cet engagement.

Si, comme des centaines d'autres, une entreprise comme le Club Méditerranée est en mesure de nous promettre la facilité – facilité d'accès, de réservation, d'utilisation, de départ… –, le tout compris et à la portée de la main, dans une atmosphère des plus conviviales, pourquoi chaque musée ne pourrait-il pas s'engager à livrer un service qui lui sera spécifique autant que réel et fort ? La promesse d'un musée n'est pas faite que d'expositions étonnantes, elle doit inclure d'autres éléments comme l'accessibilité, l'accueil, l'ambiance, la facilité, etc. Tous les éléments du service peuvent d'ailleurs être regroupés en deux catégories :

- ceux qui se rattachent au **cœur du service**, qui font partie de la prestation de base. Il s'agira ici des expositions, des conférences et autres éléments autour desquels viennent se greffer les notions d'attrait, de qualité et, de plus en plus dans le milieu muséal, le rapport qualité/prix ;

OFFRE DE SERVICE

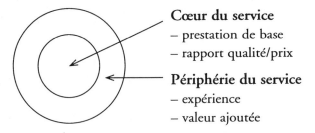

Cœur du service
– prestation de base
– rapport qualité/prix

Périphérie du service
– expérience
– valeur ajoutée

- ceux qui se rattachent à la **périphérie du service**, qui font que l'expérience du visiteur est heureuse ou malheureuse et qui viennent apporter une valeur ajoutée à la prestation de base (ex. : l'attention, l'information, la courtoisie, l'atmosphère, etc.).

Cette distinction est importante, car s'il est capital de livrer une prestation de base intéressante, les éléments périphériques du service peuvent faire toute la différence dans la perception, le jugement, la satisfaction du client. Une bonne exposition, mal présentée, risque fort de s'avérer un échec à cause d'une appréciation négative transmise de bouche à oreille, véhicule de plus en plus efficace dans une société saturée de communications. De même, l'accueil ne doit pas simplement viser à informer le visiteur ; il doit chercher à le mettre à l'aise, dans certains cas à l'apprivoiser, afin qu'il puisse s'ouvrir aux émotions que lui procurera l'exposition.

D'ailleurs, ces éléments périphériques peuvent aussi suppléer à une offre moyenne – on ne peut présenter les œuvres de Picasso à tout coup – ou fidéliser une clientèle dont les tendances à l'éclectisme s'affirment d'autant plus que la curiosité n'est pas à l'avantage exclusif des musées et que la concurrence dans le monde des loisirs et entre les musées est aussi sérieuse qu'abondante.

Peu d'études dans le monde muséal n'ont malheureusement pu mesurer l'importance relative entre le cœur du service et sa périphérie, mais les statistiques relevées par Roland Arpin, selon lesquelles 35 p. cent des visiteurs du Musée d'Orsay, à Paris, viennent simplement « pour jouir de l'ambiance générale du musée », indiquent à quel point les éléments périphériques importent de plus en plus dans l'offre de service.

Tout musée, quelle que soit sa nature et quelle que soit sa taille, peut bâtir son propre concept de service en faisant des choix – car il est faux de prétendre que l'on peut être bon dans tout – parmi un certain nombre d'éléments, ces choix étant directement reliés à la mission de l'institution muséale.

Le tableau ci-après énumère donc, à titre d'exemple, une série non exhaustive d'éléments auxquels il convient d'accorder un degré d'importance variable selon le positionnement recherché, la marque que le musée compte laisser dans le souvenir du visiteur.

Tableau 2
Exemple de concept de service pour un musée

Élément de service	Concept général	Segments de marché				
		Spécialistes	Touristes	3e âge	Familles	Autres
Accessibilité	√	√	√√	√√	√√	
Rapidité	√	√	√√√	√	√√	
Économie	√	√	√√√	√√√	√√	
Accueil	√√√	√√√	√√√	√√√	√√√	
Autonomie	√√	√√√	√	√	√	
Confort/repos	√	√	√	√√√	√	
Calme	√√	√√√	√	√	√√	
Sécurité	√	√	√	√√√	√	
Autres						

Le tableau illustre également l'idée selon laquelle le concept de service peut varier d'une clientèle à l'autre. C'est ici que les études de segmentation précisant les besoins et les attentes de chacune des clientèles s'avèrent d'une grande utilité.

Ainsi, le visiteur «spécialiste» se distingue totalement du visiteur «touriste»: le premier déteste les foules, recherche le calme et souhaite un maximum d'autonomie, tandis que le second souhaite une visite rapide, guidée et à prix modéré (d'où les forfaits de groupe). Avec les clientèles scolaires, l'interaction constitue une dimension essentielle, tandis qu'avec les gens du troisième âge, il faut non seulement les situer, présenter les objets en rapport avec l'histoire – la leur éventuellement – mais aussi se préoccuper de leur sécurité et de leur confort, ne serait-ce que par quelques sièges aux bons endroits.

L'art du gestionnaire consistera donc à offrir des activités et des scénarios de visite adaptés aux segments retenus dans le but de procurer un maximum de satisfaction à chacune des clientèles.

Il faut reconnaître que certains gestionnaires savent jouer de souplesse en sélectionnant, par exemple, un guide-animateur inuit pour l'exposition *Toundra-Taïga*, une guide japonaise pour *Tsutsumu, l'art de l'emballage japonais* ou un guide non voyant pour l'exposition *Vu d'un autre œil*.

Le rôle du gestionnaire ne s'arrête pas à concevoir ce genre d'activités, mais à garantir une qualité pour chacun des éléments de service. Le choix des éléments doit, en conséquence, être suivi de normes, parfaitement mesurables et évaluables. La rapidité à l'accueil pourrait, par exemple, être dotée d'un objectif de temps d'attente maximum de trois minutes.

Ces normes, connues de tous les employés du musée, appuyées par des politiques, procédures et outils de gestion, et évaluées par les clients de façon régulière, amènent l'institution muséale sur la voie de la qualité du service, avec en point de mire, la satisfaction des visiteurs.

L'implantation de démarches de la qualité des services adaptées au monde muséal constitue, en définitive, l'avenue à privilégier pour assurer la « fidélisation » du public dans les musées étant donné que ces démarches sont centrées sur la création de valeur pour l'individu.

Un nouvel équilibre

Et l'objet dans tout ça ? Il est là plus que jamais, au cœur de la prestation avec sa force inhérente à susciter l'émerveillement et l'émotion, à exprimer l'aventure humaine d'hier et de demain. Mais l'objet n'est plus seul à avoir droit de parole ; le public qu'il sollicite, qu'il déstabilise, qu'il force à se resituer…, a lui aussi droit de parole. Et s'il faut accepter l'objet tel qu'il est, il faut prendre le public tel qu'il est – fou d'histoire ou simple consommateur emballé par un quelconque tee-shirt souvenir – et laisser le temps jouer, avec complicité, son rôle d'éducateur.

Le public vient à la rencontre de l'objet. Et puisque le musée n'est plus une île, alors soyons des hôtes exemplaires, sachons l'accueillir.

M. André Coupet, c.m.c., est un économiste, conseiller en planification stratégique au sein du Groupe SECOR. En 1990, il a dirigé l'étude « Le financement des arts et de la culture au Québec ». Spécialiste du domaine de la qualité de service, il est également président fondateur de Dimension Clientèle, l'association québécoise du service à la clientèle.

Mme Suzanne Chassé est une spécialiste du tourisme culturel. Elle est une associée de la firme Zins, Beauchesne et associés, société membre du Groupe SECOR.

Bibliographie

ALBRECHT, Karl, Ron ZEMKE et Irwin DOW JONES (édit.). *Service America*, 1985.

BEAULAC, Mario, François COLBERT et Carole DUHAIME. *Le marketing en milieu muséal : une recherche exploratoire*, École des hautes études commerciales, 1991.

BLANDING, Warren. *Customer Service Operations ; The Complete Guide*, American Management Association, 1991.

COUPET, André. *Le service à la clientèle : de la stratégie de marketing à la gestion de la qualité*, Revue Gestion, (nov. 90).

COUPET, André, « Qualité de service : Pour une démarche intégrée et planifiée », *Gestion*, mai 1992.

HOROWITZ, Jacques. *La qualité de service, à la conquête du client*, Inter-Éditions 1989.

LEFEBVRE, Hélène et Bernard LEFEBVRE. « Le visiteur de musée : Motivations et bénéfices », *Musées*, vol. 13, n° 3, sept. 1991.

L'AUTRE ET SOI:
LA NÉCESSITÉ DE FAIRE PEAU NEUVE

Sylvie Dufresne
Chargée de projet
recherche et muséologie
Pointe-à-Callière
Musée d'archéologie et d'histoire de Montréal

Dans le domaine de la muséologie historique, une vague de fond est à l'œuvre. Elle concerne une redéfinition du rapport de l'**autre** à **soi** dans le discours porté par le musée d'histoire. Le texte qui suit examine, à partir d'exemples américains et québécois, les forces et les difficultés de cette nouvelle problématique. Il n'a pas la prétention d'épuiser la question. Il tente de cerner l'importance d'un phénomène qui, à long terme, modifiera le rapport du musée à ses contenus.

Des propos soliloques

L'époque très dix-neuvièmiste du musée collectionneur des «faits d'art» exotiques et lointains, est à son crépuscule. Une simple visite d'un musée du type «musée de l'homme» suffit à faire prendre conscience que le discours qui fut le leur est désormais impossible à tenir. Les cultures et les civilisations y sont présentées, figées dans le temps et immobiles dans les vitrines qui les exhibent. L'humain apparaît, sous leur éclairage, comme un produit de curiosité, inerte et désincarné. Le discours tenu par l'exposition est à sens unique. Elle parle de lui sans lui donner la parole. Alors que l'exposition prétend porter un discours complet en lui-même, elle donne à voir des collections hétéroclites, fragmentaires, discontinues dans le temps et mises hors contexte. Visiter de nos jours un musée de l'homme crée un inconfort. Quelque chose s'est passé qui rend son discours intenable. Le malaise ne tient pas uniquement aux présentations muséographiques vieillottes. Ce ne sont pas les vitrines, les présentoirs ou les mannequins qui sont à rafraîchir, c'est la philosophie qui sous-tend leur mise en exposition qui est entièrement à repenser. Le regard jeté sur « l'autre » ne peut plus être le même, l'autre ayant acquis, de plus en plus sur d'autres scènes, un droit de parole pour lui-même et avec nous.

L'autre et soi : un processus d'inclusion

Les vingt-cinq dernières années posent de façon explicite la question du rapport à « l'autre » dans une perspective non plus de curiosité ou de sujétion, mais de dynamique d'échanges et de confrontations. Le phénomène mondial de migration, d'une part, et celui de l'affirmation des populations autochtones, d'autre part, obligent à l'écoute et au dialogue.

Dans ce contexte, où tout se joue à la fois à l'échelle planétaire et à l'échelle locale, il devient inopportun d'aborder les sujets historiques sous le seul angle du « soi » ; l'autre (l'autochtone ou l'immigrant d'hier et d'aujourd'hui) fait partie du récit. Il ne peut plus être confiné au seul statut d'agent perturbant, mis en *a parte*. La bulle de confort qui protégeait notre imaginaire collectif vient d'éclater. Désormais, l'autre est partie prenante d'un « nous » qui, pour l'heure, trouve difficilement sa véritable appartenance.

Ce rapport dualiste d'affirmation des identités culturelles et d'interpénétration des cultures alimente une nouvelle tendance en muséologie historique : celle de l'inclusion de l'autre. Cette approche avant-gardiste s'accompagne de moult difficultés. Les préjugés et les habitudes sont profondément enracinés. L'institution muséale qui s'aventure dans cette direction fait œuvre de pionnier. Le temps faisant son œuvre, l'ensemble des musées à vocation historique, culturelle ou sociale se retrouvera au cœur du débat. Un long processus de transformation s'amorce. Dans cette perspective, le musée de l'homme fera place, un jour, à celui de « l'humain » ; dans son discours et sa mise en exposition, les interrelations culturelles prendront le dessus sur l'objet solitaire, témoin statique d'une représentation passéiste de l'autre. Ce n'est plus tellement l'artefact issu des gestes traditionnels, répétés et séculaires, qui constituera l'objet du musée mais la perpétuelle mouvance humaine et l'interpénétration des cultures dans un rapport dynamique d'échanges, de confrontations, d'adaptation et donc de transformations. Or, ce nouvel objet est d'abord le résultat d'un **processus** et c'est ce dernier que l'exposition tentera désormais expliquer. Dans ce sens, l'œuvre éducative du musée amènera le public à mieux comprendre la complexité des rapports humains. Ainsi repensé, le musée d'histoire ou de civilisation aura, pour longtemps encore, un rôle social et culturel à jouer.

Sur des avenues nouvelles

Quitter les sentiers battus ne va pas sans risques. Des expériences tentées aux États-Unis permettent de mesurer les forces et les limites d'une approche d'inclusion. Parmi les institutions bien établies, Colonial Williamsburg donne à réfléchir. Il y a une dizaine d'années, je me souviens d'avoir visité ce village histo-rique et les plantations avoisinantes. Connaissant un peu l'histoire des États-Unis, je trouvais alors étonnant de ne rien percevoir d'un pan important de l'histoire de ce pays : la présence des Noirs, esclaves, domestiques et travailleurs dans les champs de coton, main-d'œuvre essentielle au développement économique dont traitait le site. À l'époque, on nous montrait quelques rares cases d'esclaves, mais sans trop s'y attarder. La visite de George Washington à tel endroit ou, ailleurs, les péripéties d'une telle dame aubergiste occupaient bien davantage l'attention. Récemment, en décembre 1990, j'y suis retournée. Quelque chose de fondamental s'était passé. Tout en demeurant le bastion d'une communauté blanche tant par son personnel que par ses visiteurs, Williamsburg avait fait un pas de géant en intégrant à son programme d'animation et d'interprétation la réalité « noire »[1] et en se confrontant avec cette dimension incontournable de l'histoire de cette ville coloniale britannique. L'occultation ancienne prenait donc fin. Mais voilà que tout n'est pas parfait sous le soleil. Les animateurs noirs interprètent des rôles qui correspondent aux fonctions qui étaient historiquement celles de la population noire du XVIIIe siècle. Jusque-là, tout semble tourner bien rondement. Pourtant, l'expérience fait l'objet de critiques provenant tant de la communauté blanche que de la communauté noire. Pour les uns, les concessions faites sont trop larges. Pour les autres, le rôle dans lequel l'animation les confine est trop réducteur : l'animateur blanc, maître, l'animateur noir, esclave ; enfin, pour d'autres encore, le rappel d'un passé, marqué douloureusement du sceau de la sujétion, est considéré comme humiliant et non pertinent à rappeler.

Malgré les réticences du milieu, Colonial Williamsburg poursuit depuis dix ans son programme d'animation qui offre, à l'expérience du visiteur, une certaine vraisemblance historique. Là s'arrête cependant le vraisemblable. L'animateur issu de la communauté noire appartient au XXe siècle. Il est souvent un jeune universitaire diplômé. Il n'est pas rare de rencontrer un jeune guide, jouant le rôle d'un domestique, qui en sait davantage sur la réalité économique et sociale de Williamsburg que la dame blanche guide bénévole. Non seulement le guide noir peut en savoir davantage, il a une perception différente des faits et de la société que l'animation fait revivre. La relation entre ces deux agents d'interprétation est ambiguë et complexe. Deux versions d'un même récit peuvent être énoncées selon que le guide blanc ou le guide noir prend la parole. Cette expérience donne à réfléchir. Le processus d'inclusion de l'autre porte à conséquence. L'autre, inévitablement, jette sur soi un regard critique qui interroge et dérange. L'intégrer à l'animation, c'est aussi lui donner un droit de parole.

Toujours aux États-Unis, d'autres expériences sont tentées. Elles sont menées conjointement par les deux communautés blanche et noire ou par la seule communauté noire. Ces expériences prennent, à l'occasion, la forme d'expositions qui mettent en relief la spécificité de la communauté noire américaine. Le point de vue qui prévaut ici est le leur.

À quelques milles de Williamsburg, dans la ville Richmond, une de ces expositions aborde, sans trop de ménagement, la question de l'esclavagisme dans l'État de Virginie. Si, sur le plan muséographique, l'exposition est plutôt traditionnelle, le discours qu'elle tient jette une lumière crue sur un passé fait de douleur, de soumission et de vexations. Par ses textes et la collection qu'elle présente, elle oblige la réflexion et nous amène à nous interroger sur notre propre rapport à l'autre. Quelle société n'a pas son passé entaché de rapports de domination et de sujétion ?

Les expériences américaines pourraient se multiplier. J'en signalerai une autre, présentée cette fois-ci à Washington, au Smithsonian. L'exposition intitulée *From Field to Factory* portait également sur l'histoire de la communauté noire dans l'Amérique blanche et capitaliste des XIXe et XXe siècles. Elle montrait comment, avec l'abolition de l'esclavagisme, de nombreux Noirs sont devenus une main-d'œuvre à bon marché dans les villes industrielles.

La mise en exposition de sujets aussi délicats ne tient pas à la seule magnanimité des directeurs de musées ou de leurs conservateurs. Pour une bonne part, l'énonciation de la présence historique des Noirs aux États-Unis et de son incidence sur les destinées de cette nation sont à mettre en relation directe avec l'affirmation de cette même communauté. À Washington, D.C., l'Anacostia Museum[2] témoigne de cette énergie et de cette volonté d'affirmation. Le musée communautaire émane de la communauté elle-même. Elle l'anime et l'administre. Dans le cas du musée Anacostia, la parole n'est plus donnée, elle est prise.

Exposer et s'exposer à...

La relation de la communauté blanche nord-américaine à ses partenaires historiques demeure des plus ambiguës. Il faut voir comment à l'occasion de la présentation de l'exposition *The West as America: Reinterpreting Images of the Frontier, 1820-1920*, préparée par le Smithsonian, des groupes influents ont réagi à la déconstruction du mythe sacralisant l'épopée de l'Ouest.

L'exposition, à proprement parler, rassemblait des peintures, des sculptures et des photographies produites à la gloire de la conquête de l'Ouest américain. C'est l'analyse des œuvres, portée par des textes, qui est au centre de la controverse. Grâce à des années de recherche et de préparation, on jette un regard critique sur l'odyssée américaine où le héros traditionnel est le cow-boy et l'anti-héros, l'Amérindien. Considérée comme iconoclaste, l'exposition a fait l'objet d'invectives sévères, portées entre autres par des sénateurs et des médias écrits. Le Smithsonian, menacé de voir ses fonds coupés, a dû faire amende honorable. Certains textes de l'exposition ont été revus pour atténuer l'effet-choc de leurs propos[3]. L'expérience du Smithsonian montre qu'il est risqué de vouloir présenter l'histoire sous un jour autre que celui de la version officielle, celle qui fabrique les mythes et les héros. Il est fort probable que si les résultats de la recherche menée par l'équipe du Smithsonian avait pris la forme d'articles scientifiques, le tollé n'aurait pas été le même. Parce que son véhicule a pris la forme d'un moyen de communication grand public, la démarche est devenue, pour certains, subversive.

Il y a des risques à vouloir parler de soi et de l'autre, à sortir des sentiers battus. Il faudra pourtant que les esprits conservateurs se préparent à l'électrochoc : l'année 1992 s'annonce riche en renversement des rôles et en déconstruction de mythes. Les musées d'Europe et des Amériques, avec leurs expositions sur la « découverte » de l'Amérique par Christophe Colomb, seront le foyer de la très controversée « rencontre » : celle du « nous » européen et de « l'autre » qualifié alors de « sauvage ». Plus près de nous, la Ville de Montréal célèbre, au même moment, son 350ᵉ anniversaire de fondation par des colons français. Il sera intéressant de voir comment les expositions, les « son et lumière » et les spectacles annoncés se confronteront aux rapports antagonistes entre Amérindiens et Français, rapports qui ont marqué l'histoire de cette ville.

Pointe-à-Callière, musée d'archéologie et d'histoire de Montréal propose, à cette occasion, une exposition temporaire portant sur 350 ans d'images des débuts de Montréal. L'exposition rassemble des livres, de l'iconographie, des reproductions de tableaux, de statues, des films d'archives qui, ont été produits sur le sujet aux XIXᵉ et XXᵉ siècles. Le corpus documentaire se répartit en deux grandes zones. La première partie présente l'imagerie traditionnelle, celle qui, d'une part, élit en héros ou en saints des personnages comme Maisonneuve, Jeanne Mance ou Marguerite Bourgeoys, et d'autre part, maintient à l'arrière-plan, dans des rôles de figurants, les colons, les femmes, les enfants et les Amérindiens. La deuxième partie de l'exposition met l'accent sur les nouvelles représentations, celles produites plus récemment dans la foulée du féminisme, de l'histoire sociale et des revendications amérindiennes. Les agents historiques, traditionnellement maintenus à l'ombre des héros par les approches historiographiques traditionnelles, passent ici au premier plan. Une femme comme

Jeanne Mance n'est plus vue comme « bras droit » du fondateur, mais comme cofondatrice, les colons et marchands sont rétablis dans leur rôle d'agents moteurs du développement de la colonie alors que les Amérindiens sont réhabilités en tant qu'occupants initiaux, en droit de défendre leurs biens, leurs réseaux d'échange, leur territoire. L'intention de l'exposition est de faire prendre conscience aux visiteurs que les représentations artistiques portent en elles les valeurs de la collectivité et que, ces valeurs changeant, l'interprétation des faits historiques demande une relecture de même que l'iconographie qui la porte. Pour des temps nouveaux, un passé revu et corrigé ! En proposant ainsi des lectures nouvelles du passé, reste à voir si le public et ceux dont on parle sont prêts à modifier des perceptions profondément ancrées.

Au Québec

Cette préoccupation d'inclusion, d'une part, et de droit de parole pour l'autre, d'autre part, trouve aussi au Québec sa mise en application. Pensons à l'expérience réalisée à Forillon, en Gaspésie, où la mise en valeur du parc s'est faite en redonnant la parole à ceux et celles qui y ont habité. Il serait toutefois sage d'éviter l'inflation des termes et prétendre que nous nous inscrivons de plain-pied dans une démarche nouvelle qui définit différemment les rapports entre le « nous » et les « autres ». Les quelques expériences muséales tentées au Québec jettent les premiers jalons d'une démarche à poursuivre. Parmi ces expériences signalons *L'Œil amérindien, regard sur l'animal* exposition tenue sous l'égide du Musée de la civilisation de Québec[4] ou encore celle intitulée *Art mohawk 92* tenue à Montréal au Centre Strathearn[5]. Ces expositions manifestent clairement une tendance nouvelle en dialogue avec les transformations de la société québécoise.

Laisser l'autre se dire à lui même

Inclure l'autre dans son propre récit ne suffit pas ; laisser l'autre prendre directement la parole est une autre voie par laquelle de nouvelles tendances se manifesteront. L'avènement d'institutions muséales autochtones, par exemple, conçues et réalisées en fonction d'impératifs qui leur sont propres, aura, à long terme, un impact sur notre façon de comprendre et d'apprécier le musée. La relation à l'objet, au récit, à la mise en exposition et à l'animation pourrait s'en trouver modifiée du simple fait que les notions de temps, de durée, d'ancienneté, de propriété et de sacré y sont différentes des nôtres. De la rencontre de ces deux univers, pourrait jaillir une approche renouvelée de l'institution muséale.

Si l'intégration des écomusées, des centres d'interprétation ou des jardins botaniques au territoire de la muséologie a porté à conséquence, imaginons ce que pourront être les suites de l'avènement d'institutions comme la « Maison de la transmission de la culture »[6] à Inukjuak sur la côte de la baie d'Hudson. Là, pas de collections comme telles. L'objet appartient à la culture orale et aux gestes séculaires transmis aux générations présentes et futures ; il appartient également au présent en devenir[7].

Le contexte culturel québécois n'est ni bipartite (francophone, anglophone), ni tripartite (amérindien, francophone, anglophone) mais multipartite. Il inclut également des communautés ethniques de souches européenne, asiatique, africaine, sud-américaine pour ne nommer que celles-là. Immigrants d'hier et d'aujourd'hui, ces hommes et ces femmes apportent avec eux un passé et des traditions qui sont plusieurs fois séculaires et auxquels ils demeurent attachés. Les dragons multicolores qui charment ou effraient les enfants au Complexe Desjardins, lors de la fête de la Lune, disent autre chose que la magie d'une danse folklorique, un jour de liesse. Par-delà les couleurs chatoyantes des fêtes traditionnelles, les communautés ethniques sont bien vivantes et agissantes au sein de la collectivité québécoise. Elles revendiquent le droit de s'énoncer, ici, pour elle-même et en elle-même. Des institutions communautaires et culturelles naissent de ce désir de s'exprimer au grand jour.

Leur avènement transforme le paysage culturel de la terre d'accueil.

Un dialogue en amont et en aval de soi

De part et d'autre, le Québec contemporain est traversé par des tiraillements qui obligent une relecture de son rapport à l'autre. En amont, les autochtones affirment leur antériorité historique et réclament un droit légitime de parole ; en aval, les immigrants, dans un processus long et difficile d'intégration, tentent de conserver un héritage culturel.

Pointe-à-Callière, musée d'archéologie et d'histoire de Montréal[8]

Le nouveau musée d'archéologie et d'histoire de Montréal[9], de par son contenu, se retrouve au centre de la problématique du rapport à l'autre dont j'ai traité. Commémorant le 350e anniversaire de la fondation de Montréal, l'institution a néanmoins voulu penser sa thématique dans un contexte plus vaste. Les contenus historiques et archéologiques se répartissent en cinq strates, selon une séquence qui va de l'occupation amérindienne à l'implantation française, puis à la présence britannique, à l'intensification de l'influence américaine et à la naissance du Montréal contemporain, francophone, multiethnique et international.

Dans sa démarche globale, le musée a mis sur pied plusieurs équipes de spécialistes (archéologues, ethnologues, historiens, etc.) pour développer les thèmes de l'exposition permanente. Une attention particulière a été portée au contenu traitant de la présence amérindienne. Une équipe de spécialistes en culture amérindienne, préhistorique et historique, a été formée. Celle-ci a pu compter, entre autres, sur la participation de l'historien amérindien Georges E. Sioui, auteur de l'ouvrage *Pour une autohistoire amérindienne*[10]. Le point de vue amérindien a donné lieu à une réflexion de fond sur le rôle, les apports et l'importance du fait autochtone dans le développement du récit historique. Les discussions ne furent pas que théoriques ou de principes. L'exposition, à Pointe-à-Callière, porte en elle le fruit de cette rencontre. Le contenu s'ouvre sur une temporalité plus vaste que celle habituellement associée aux débuts de Montréal. Au lieu de prendre mai 1642 comme point d'origine absolu, la thématique a été située dans une plus longue durée. La présence millénaire de populations autochtones, iroquoiennes, est reconnue et affirmée par la mise en exposition d'objets mis au jour dans les sites archéologiques de la pointe à Callière et de la place Royale. De plus, l'expérience de la fondation est racontée non seulement du point de vue des fondateurs français, mais aussi de celui des autochtones qui les voient s'installer. À cet égard, la participation active d'un historien issu de la communauté amérindienne a permis, avec le concours des autres spécialistes, tant historiens qu'archéologues, de construire cette partie du récit historique.

Développant une thématique centrée sur la notion de carrefour et d'échanges, l'exposition présentée à Pointe-à-Callière veut s'ouvrir sur l'autre, lui reconnaît un point de vue particulier et un droit de parole. La mise en place de l'exposition permanente n'est qu'un premier jalon dans cet exercice qui devra, jour après jour, se renouveler. Le chemin qui mène à une plus grande implication de l'autre, qu'il soit de souche ancienne ou récente, est ouvert, reste maintenant à l'entretenir et le développer.

Lors de la rédaction de ce texte, Sylvie Dufresne participait, en tant que chargée de projet, à la réalisation de Pointe-à-Callière, musée d'archéologie et d'histoire de Montréal. Depuis mai 1992, elle est directrice de la Section recherche, conservation et diffusion pour ce musée. Détentrice d'une maîtrise en histoire, de l'Université du Québec à Montréal, elle a été, de 1983 à 1990, directrice du Centre d'histoire de Montréal.

Notes

1. Lire à ce sujet l'article rédigé par Rex Ellis, « A Decade of Change : Black History at Colonial Williamsburg », dans *Colonial Williamsburg. The Journal of the Colonial Williamsburg Foundation*, printemps 1990, p. 14-24.

2. Le musée Anacostia ouvre ses portes en 1967 avec l'aide du National Museum of History and Technology in Washington. Voir à ce sujet : Kenneth Hudson, *Museums of Influence*, Cambridge University Press, 1987, 220 p.

3. N'ayant pas personnellement vu cette exposition, je me fie ici à la description qu'en fait Pascale Galipeau, dans « La grande épopée du Smithsonian ou la muséologie fout la pagaille », article à paraître dans *Musée*, 1992.

4. Exposition tenue du 1er mai au 20 octobre 1992 ; voir à ce sujet l'article de Patrice Groulx « L'Œil amérindien, regards sur l'animal » dans *Musées*, n° 4, décembre 1991, p. 38-40.

5. L'exposition regroupait plus de 200 œuvres produites par des artistes et artisans amérindiens habitant Akwesasne, Kahnakake et Kahnsatake. Elle s'est tenue du 7 décembre 1991 au 31 janvier 1992.

6. Michel Noël, « La muséologie de l'imprévisible », dans *Musées*, n° 4, décembre 1991, p. 22-24.

7. Dans la relation des communautés autochtones à leur patrimoine conservé par les musées nationaux et privés, il sera intéressant de suivre les développements qui s'inscriront dans la foulée du *Rapport du Groupe de travail sur les musées et les Premières Nations*, (Ottawa, 1992, 21 p.).

8. Le musée tient son nom du toponyme sur lequel s'élève l'édifice principal : la pointe à Callière. Cette dénomination vient de Louis-Hector de Callière, troisième gouverneur de Montréal (1684-1698) et treizième gouverneur de la Nouvelle-France (1698-1703).

9. Le complexe muséal est composé d'un édifice contemporain, l'Éperon, qui protège, entre autres, les vestiges architecturaux du XIXe siècle et le premier cimetière de Montréal (1643-1654). Le musée comprend également un égout-collecteur du XIXe siècle, une crypte archéologique aménagée sous une place publique : la place Royale et enfin, un troisième bâtiment : l'édifice de l'ancienne douane qui, construit en 1836, a été restauré et accueille la boutique du musée et une exposition permanente intitulée *Montréal, carrefour d'échange et de commerce*.

10. Georges E. Sioui, *Pour une autohistoire amérindienne*.

LE JARDIN, MÉMOIRE VIVANTE
DE LA NATURE APPRIVOISÉE

Pierre Bourque
Directeur du Jardin botanique de Montréal
et responsable des équipements scientifiques
Ville de Montréal

La nature est l'expression même de la vie et malgré les nombreuses tentatives effectuées au fil des siècles pour en réduire la portée, ni la religion, ni la science, ni l'art n'ont pu à ce jour la remplacer de façon viable au cœur de la vie des hommes et des sociétés.

De l'Arcadie mythique de la Grèce antique aux jardins suspendus de Babylone, l'histoire des hommes est une longue marche en quête du paradis terrestre, de la Terre promise et de l'Eldorado.

La pensée taoïste chinoise soutient et renforce cette démarche puisqu'elle intègre l'homme à la nature au même titre que les éléments comme l'eau, l'air, les rochers, les arbres et les fleurs. C'est ainsi que dans les jardins de Suzhou et de Hangzhou, les dynasties Song, Tang et Ming ont exprimé avec le plus d'éclat cette notion du paradis retrouvé. Dans ces jardins, véritables microcosmes de l'empire du Milieu, réservés à l'élite économique, politique et artistique de la Chine, s'est déroulée la vie quotidienne, et les destinées de tout un peuple y ont été définies durant plusieurs siècles.

Au Japon, les jardins ont joué un rôle similaire en façonnant la personnalité de l'homme japonais. La création des jardins de Kyoto et de Nara – où la pierre et la mousse, symboles de nudité et d'abnégation, ont enseigné aux fougueux samouraïs la domination de l'esprit sur les sens – a donné naissance aux valeurs profondes du Japon d'aujourd'hui. Les cerisiers en fleurs au printemps, les iris en juin, les chrysanthèmes en automne et les camélias en hiver témoignaient avec éclat, pour de fugaces instants, de la beauté de la vie.

Les civilisations méditerranéennes, arabes, maures, italiennes, puis françaises et européennes se sont aussi construites autour des jardins. Sous la tutelle de l'homme en constante recherche d'harmonie et d'équilibre, les jardins devinrent symétriques, obéissant à des règles strictes en opposition avec l'exubérance de la nature sauvage. Les Anglais brisèrent cette tradition. Inspirés par les Chinois, ils recréèrent les collines, les étangs, les vallées et les paysages pastoraux.

L'attitude des Amérindiens quant aux liens avec la nature est totalement différente. Vivant en harmonie avec elle, ils n'avaient pas besoin de façonner des « jardins » puisqu'ils vivaient au centre de ce paradis. Pour eux, la terre était un immense jardin.

À l'arrivée des premiers Européens sur le nouveau continent, le principal défi de ces arrivants consistait, non pas à recréer des jardins dans un milieu urbanisé, mais plutôt à lutter pour faire leur place au milieu d'une nature sauvage, superbe et forte.

Au moment de l'industrialisation, la création des parcs nationaux a permis de garder intactes certaines parcelles de cette nature sauvage.

Quelques décennies plus tard, Marie-Victorin tente de jeter un nouveau regard sur cette nature apprivoisée.

L'œuvre de Marie-Victorin : des récits laurentiens à la flore laurentienne, puis au Jardin botanique...

Après Michel Sarrazin, l'abbé Provancher et plusieurs autres passionnés des sciences naturelles, Marie-Victorin fut le premier à concrétiser dans des œuvres durables un hommage à la nature québécoise.

Inspiré par Teilhard de Chardin, disciple de Fernald (botaniste réputé de l'Université Harvard), voyageur impénitent de Cuba à l'Amérique du Sud et de l'île d'Anticosti à Black Lake, la vision de Marie-Victorin embrasse le Québec et le monde. Grâce à lui, l'horticulteur et architecte-paysagiste allemand Henry Teuscher vient à Montréal pour créer et construire le futur Jardin botanique. Alors que le Québec s'industrialise et s'urbanise, l'horticulture fait progressivement son entrée dans notre société.

Le premier geste de Marie-Victorin consiste en la création des jardinets d'écoliers pour les fils des ouvriers de l'Est de Montréal.

Parallèlement, il contribue à la formation des premiers scientifiques québécois dans le domaine des sciences de la nature (Pierre Dansereau, René Pomerleau et tant d'autres).

Sa pensée articulée autour du concept de l'université de la nature favorise l'apprivoisement de ce pays si dur. Petit à petit, le pays à conquérir devient un pays à aimer, à connaître et à respecter. Un grand pas vient d'être accompli.

L'enracinement

Au cours des années soixante débute une période exceptionnelle sur le plan social par l'apport du Jardin botanique à l'embellissement de la Ville de Montréal. Le Jardin n'est plus un lieu fermé, privilégié, mais une institution dynamique au service des Montréalais. Plantation d'arbres, fleurissement des places publiques, création des jardins communautaires, transformation des ruelles en jardins, création de parcs, protection et renaturalisation des berges, sauvegarde des boisés urbains, tous ces projets démontrent les nouvelles activités initiées et réalisées par le Jardin.

Depuis maintenant plus de trente ans, le Jardin vit en symbiose avec sa ville et ses citoyens. Cet enracinement le protège contre les tourmentes et les vicissitudes et se porte garant de son développement futur.

En 1967, à l'occasion de l'Exposition universelle et en 1980 lors des Floralies internationales, le Jardin accroît son rayonnement à l'échelle nationale et internationale.

Ces expériences fructueuses entraînent des modifications aux présentations traditionnelles du Jardin et le placent devant de nouveaux défis à relever : le développement de nouvelles collections, l'ouverture sur les communautés culturelles, les participations internationales et les expositions thématiques diverses. Les sujets reliés à la culture et à l'environnement prennent de plus en plus d'importance et marquent progressivement la personnalité du Jardin botanique.

L'architecte du paysage, le concepteur artistique et le designer deviennent les nouveaux metteurs en scène de la nature, appuyés par les horticulteurs, les botanistes et les éducateurs. Des outils plus sophistiqués de communication, audiovisuels ou informatiques s'ajoutent modestement à la gamme des outils pédagogiques traditionnels. Le Jardin attire des clientèles des plus diverses et ouvre ses portes aux artistes-peintres, sculpteurs, musiciens.

En 1989, le pavillon japonais est construit, puis les nombreux pavillons du Jardin de Chine sont édifiés : les œuvres d'art affluent, les expositions se succèdent, les collections s'enrichissent et la vocation muséale apparaît.

L'Insectarium de Montréal, tout en étant né de ce désir profond de présenter les insectes dans leur milieu naturel, s'affirme comme un musée d'avant-garde avec ses collections imposantes, ses présentations dynamiques, ses équipements interactifs et son approche didactique. Son succès éclatant inspire déjà le futur Biodôme, et nourrit le Jardin botanique ; une harmonie nouvelle se dessine entre les éléments vivants, essence même de la vocation de l'institution et les différentes présentations.

Le Biodôme, premier jardin du XXIe siècle et musée de l'environnement

Par son concept même, le Biodôme nous permet de concrétiser un nouveau paradigme écologique et muséal. Nous franchissons une autre étape. Depuis la Conférence de Stockholm sur l'environnement, il y a de cela déjà vingt ans, l'alarme retentit aux quatre coins de la planète. Pour la première fois de notre histoire, la relation fondamentale entre l'homme et la nature est menacée. La planète Terre, que nous aimons et qui est notre compagne depuis des siècles, est en danger.

Nous sommes en train d'élaborer notre bien-être collectif au détriment de notre terre nourricière. Celle-ci montre des signes évidents de fatigue et de blessures. Comment modifier la marche inéluctable de notre planète vers sa perte tout en préservant notre bien-être et même en l'élargissant à tous les hommes de la terre ?

La réponse nous arrive avec unanimité des quatre coins du monde : il faut changer nos comportements et, pour ce faire, nous devons sensibiliser les gens à une prise de conscience écologique. L'urgence du message est clair : notre avenir et celui de nos enfants est compromis.

Le Biodôme est une des réponses concrètes de la société québécoise à ce nouveau défi mondial : un outil muséologique innovateur pour favoriser la conscientisation environnementale.

Le concept du Biodôme reprend l'idée traditionnelle de l'arche de Noé et de l'Éden mais l'applique à l'ensemble de la planète Terre en reconstituant, grâce aux technologies les plus modernes, quatre des grands écosystèmes planétaires. Le Biodôme entraîne le visiteur de l'Arctique à l'Antarctique et lui fait découvrir avec émotion la diversité de la forêt tropicale, l'immensité du Saint-Laurent marin et la douceur de la forêt laurentienne.

Sont intégrés à ce jardin planétaire miniaturisé, les oiseaux, les poissons, les mammifères, les reptiles, les amphibiens, les insectes, et jusqu'aux invertébrés. L'effet est saisissant, le Biodôme nous ramène au concept du paradis retrouvé.

Au-delà de l'émotion que provoque le contact avec la nature, le Biodôme se veut un vaste musée, aux vocations ludiques et éducatives, dédié à l'apprentissage et à l'acquisition de connaissances.

Le Carrefour de l'environnement, les Actualités environne-mentales, l'Écolothèque, l'Écosphère, les ateliers pédagogiques et la grande salle Naturalia sont autant de lieux consacrés aux expositions, à l'éducation et aux échanges. Le Jardin s'est démocratisé, il touche toutes les clientèles. Les fonctions de conservation, de recherche et d'éducation sont interreliées. Le Biodôme préfigure déjà les institutions scientifiques du XXIᵉ siècle.

Les institutions et la société québécoise

La vigueur des institutions témoigne de la maturité et de la pérennité des sociétés. En ce sens, le complexe du Jardin botanique, de l'Insectarium et du Biodôme, auxquels devraient s'ajouter prochainement le Planétarium et un projet de Géodôme, représente pour la société québécoise des pièces maîtresses de son épanouissement. Elles sont sans l'ombre d'un doute des institutions à caractère national et doivent être reconnues comme telles. Si elles doivent se développer comme centres d'excellence à l'échelle internationale et poursuivre leurs efforts pour apporter au Québec la présence tangible des richesses naturelles et culturelles du monde entier, ces institutions doivent être résolument orientées vers les régions du Québec afin de transmettre leur histoire, leurs rêves et leurs connaissances à l'ensemble de notre société. Cette symbiose, qui doit se manifester autant dans les institutions qu'en régions au moyen d'expositions itinérantes ou de support technique, doit être soutenue par les gouvernements supérieurs.

Les partenaires naturels du Jardin botanique, de l'Insectarium et du Biodôme sont les différents jardins botaniques, zoologiques, parcs nationaux et provinciaux, instituts de recherche et centres d'interprétation répartis à la grandeur du Québec.

Un autre partenariat doit s'établir avec toutes les instances du réseau muséologique québécois et canadien, quelle que soit la taille de l'institution. La création du Biodôme de Montréal vient cristalliser les aspirations de nombreux partenaires associatifs et institutionnels qui ont œuvré et ce, depuis de nombreuses années, dans le domaine de la vulgarisation scientifique au Québec. La responsabilité du Biodôme est de ne pas décevoir ces nombreux partenaires et de travailler en synergie avec eux.

Le rôle du Biodôme au sein du réseau muséologique est un rôle de **promoteur**, que ce soit en ce qui a trait aux produits, aux programmes ou tout simplement aux milieux naturels.

La mission première du Biodôme est de sensibiliser les gens à l'environnement : ceci ne peut se réaliser en vase clos. La nécessité de travailler en partenariat est évidente.

La promotion des **produits**, réalisés conjointement avec les régions, profite autant à celles-ci, qui se font connaître alors dans la métropole, qu'au Biodôme qui diffuse ainsi son message à la grandeur du Québec, par le biais de produits itinérants par exemple.

La mise en place de **programmes éducatifs**, conjointement avec le ministère de l'Enseignement supérieur et de la Science, illustre une cohérence interne et une plus grande cohésion au sein du milieu québécois de l'éducation formelle et informelle.

Finalement la présentation, au sein du Carrefour de l'environnement, **d'images** des lieux de conservation des **milieux naturels**, tels que les parcs et les centres d'interprétation, confirme la volonté du Biodôme de transformer les attitudes et les comportements des gens envers la nature, conjointement avec tous les partenaires.

La synergie qui s'établit alors peut nous permettre d'avoir une action sur le plan international.

Le contexte économique actuel

Enracinées dans leur milieu et dotées d'antennes leur permettant de sentir les pulsations de leur environnement externe, porteuses pour notre société de culture, de savoir et de beauté, les institutions muséales et les jardins doivent aussi affronter le défi de la gestion.

La gestion des ressources n'est pas une fin en soi comme on tend à l'enseigner dans plusieurs milieux, mais un outil moderne qui s'appuie sur la philosophie et la mission propres à chaque institution.

Les ressources humaines

La qualité des ressources humaines demeure le facteur clé de la réussite.

Le Jardin comme le musée sont devenus des miroirs de notre société. Doivent y vivre et s'y épanouir en harmonie des scientifiques, des professionnels, des éducateurs, des praticiens, des techniciens et une multitude de bénévoles. Le choix de chaque individu est capital, car si le talent et les habiletés professionnelles sont requis pour permettre l'épanouissement graduel et enrichissant de chacun, les qualités reliées au respect d'autrui, à la générosité et au travail d'équipe doivent être évaluées minutieusement pour que les relations soient vécues intensément et sainement.

Le gaspillage des ressources humaines, la non-productivité, l'absentéisme et les querelles intestines minent les institutions et en détruisent l'harmonie qui leur est vitale.

Le concept organisationnel du Biodôme a été pensé selon le schéma suivant :

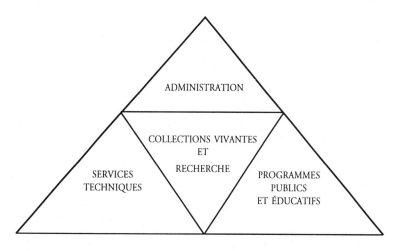

Les **collections vivantes** et la recherche sont au cœur du Biodôme. Les trois autres secteurs viennent soutenir ou complémenter le travail de cette équipe. Le personnel des **services techniques** vient apporter tout le soutien nécessaire à la vie des collections, que ce soit sur le plan mécanique, hydraulique ou de la climatisation. L'équipe des **programmes publics et éducatifs** a pour mandat de diffuser le message environnemental à différents publics (scolaires, touristiques, média...) par différents moyens (animation, exposition, édition...). Finalement, l'**administration** vient en soutien de toutes les activités pour faciliter le travail des autres équipes.

La réussite de la gestion réside dans l'établissement d'un travail d'équipe harmonieux où toutes les énergies se canalisent vers le soutien des objectifs et des missions de l'institution, favorisant ainsi l'épanouissement individuel et le sentiment d'appartenance à une entreprise culturelle, initiatrice de changement sociétal.

La progression vers l'autofinancement

Pour s'affranchir des secousses financières et des décisions arbitraires et brutales qui les accompagnent, nous devons progresser sans cesse vers un plus grand autofinancement de nos institutions. Chaque point gagné à ce niveau, chaque nouvelle clientèle conquise, chaque exposition réussie sont autant d'oxygène et d'atouts précieux face aux pouvoirs publics.

Chacun d'entre nous et à des niveaux différents, nous avons donc des responsabilités envers la population en tant que gestionnaires d'institutions. Trop d'espoir et de rêves sont dirigés vers nous pour que nous n'attachions pas la plus grande importance à la gestion rigoureuse des ressources financières mises à notre disposition.

Le partenariat avec l'entreprise privée et les différents partenaires sociaux sont de mise à condition de ne pas troquer l'âme et la pensée de nos institutions pour quelques deniers. Le public à moyen terme ne s'y tromperait pas et saurait dénoncer les vendeurs du temple si nous leur favorisions la commandite au détriment de notre mission. Il y a donc un dosage délicat à effectuer entre l'ouverture au partenariat et l'image de marque que devrait conserver et projeter toute institution muséale.

Une politique de commandite bien gérée commence par l'établissement de critères précis fondés sur l'éthique et les missions de l'institution qui donnent un cadre de travail et des balises de protection.

L'excellence par la créativité

La recherche de l'harmonie n'élimine pas la présence de stress, de tension et d'autocritique au sein de nos institutions.

Évoluant de manière organique, très sensibles aux pulsations externes et internes, les institutions doivent constamment se remettre en cause, développer une approche empreinte de générosité envers leurs partenaires, provoquer et stimuler leurs propres autocritiques et laisser s'exprimer la créativité pour la canaliser vers l'innovation. Cette façon proactive de gérer, qui permet souvent l'impossible, est le levain de nos institutions au même titre que leur enracinement dans la société en représente l'humus.

L'avenir des institutions québécoises

Malgré leurs acquis exceptionnels, nos institutions demeurent fragiles. Leur importance est accrue par le fait qu'elles contribuent à façonner en partie la personnalité de notre société en quête d'identité.

Telles des balises ou des centres de référence, elles incarnent la mémoire des hommes et de la nature. Elles procurent à nos millions de concitoyens des moments de joie et d'espoir.

L'aspect international est-il une nécessité pour les institutions? Serait-ce une nouvelle tendance en muséologie au Québec? La réponse est évidente: avec l'explosion des nouvelles technologies, la terre est réduite à un village global. La solution pour le Québec est de s'ouvrir au monde afin de créer des liens avec d'autres pays pour le développement harmonieux des individus et des nations.

La réponse est doublement vraie en ce qui concerne le Biodôme. Ici, le médium est le message. Le Biodôme nous convie à un voyage initiatique à travers les Amériques. Par son approche systémique, le Biodôme se doit d'entretenir un lien très étroit avec les autres nations de la Terre puisque le concept même du Biodôme est de promouvoir une vision globale et holistique de notre planète vivante.

Puissions-nous, entre nous, nous reconnaître et nous venir en aide mutuellement afin de mieux servir la société québécoise que nous avons à enrichir.

Pierre Bourque détient un diplôme d'ingénieur en horticulture de Vilvorde en Belgique. En 1980, il devient responsable des parcs de la Ville de Montréal. Depuis 1987, il assume la responsabilité des équipements scientifiques de la ville, notamment du Jardin botanique, du Biodôme, de l'Insectarium et du Planétarium. Il fut l'initiateur des Floralies internationales de Montréal en 1980, de l'introduction de bonsaïs, de la création du jardin et du pavillon japonais, de l'Insectarium, du jardin de Chine, de l'Institut de recherche en biologie végétale et du Biodôme.

LE MUSÉE À LA CROISÉE DES CHEMINS

Roland Arpin
Directeur général
Musée de la civilisation, Québec

Évoquant «le problème des musées», ces «maisons de l'incohérence», où le visiteur voit sa promenade «déviée à chaque instant par ces chefs-d'œuvre de droite et de gauche, entre lesquels il faut se conduire comme un ivrogne entre les comptoirs», Paul Valéry ouvrait la voie, il y a soixante-dix ans, à des controverses qui ont encore cours aujourd'hui sur la fonction du musée.

Le grand poète se rangerait sans doute du côté de ceux qui, prenant acte de l'engouement pour les musées et observant ces longues files qui s'allongent le dimanche après-midi devant certains d'entre eux, s'inquiètent beaucoup plus qu'ils ne se réjouissent.

Que craignent-ils? «Un [...] risque, beaucoup plus tangible, [...] la banalisation du musée, l'appauvrissement de son contenu culturel», d'un musée «devenu vaguement ludique, tourné vers le loisir de masse et destiné à satisfaire l'appétit de la machine touristique et à répondre à un enjeu économique.» (*Le Monde*, 9 janvier 1992).

Ces inquiétudes, qui méritent d'être prises en considération par tous ceux qui se consacrent au développement des musées, n'en ont pas moins un vague relent de XVIIIᵉ siècle. Voltaire ne s'inquiétait-il pas du fait que le développement de l'école populaire rendrait le peuple ingouvernable !

Bien sûr, le musée est devenu **un lieu dans la cité**, donc un point de convergence physique. Mais également un lieu de convergence de la pensée, de la réflexion, du plaisir, de la connaissance. Faut-il s'inquiéter d'une telle évolution et dénoncer avec frayeur certaines maladresses, certaines errances qui sont l'inévitable lot de ceux qui entrent chaque jour dans la fournaise de l'action. Il est des théoriciens et des docteurs de la loi pour le faire. « Deux hommes montèrent au temple pour prier, l'un était pharisien, l'autre publicain… »

Le musée connaît présentement une mutation comparable, bien que de portée sociale et culturelle plus modeste, à celle qu'a connue l'école au cours des trente dernières années.

L'occasion est belle de tirer de cette expérience tout ce qu'elle comporte de meilleur et de plus dynamique, et d'identifier les erreurs à ne pas réitérer. L'école est devenue, au fil de ses années de réforme, populaire, accessible, ouverte, évolutive. Elle a, par contre, perdu de sa rigueur, de sa profondeur. Elle a abandonné la richesse irremplaçable de l'humanisme et la fréquentation des grands auteurs et des grands penseurs. L'école s'est centrée abusivement sur « le vécu », négligeant les contraintes de l'apprentissage, de l'acquisition d'un substrat de connaissances comparable pour tous, de la méthode… Des valeurs comme le travail bien fait, la rigueur intellectuelle, la constance dans l'effort n'y tiennent plus la place qu'elles méritent. Lieu d'apprentissage et de formation (« prendre forme »), l'école a trop souvent confondu la démarche pédagogique, qui prend appui sur la fantaisie et le ludique, et l'abus du jeu pour fins d'apprentissage.

Réfléchir aux tendances et aux défis des musées pour les années qui viennent, c'est inscrire sa réflexion à l'intérieur des trois pôles qu'évoque la présente introduction et qui font du musée un triple lieu : **lieu culturel, lieu social, lieu de gestion.**

Le musée, un lieu culturel

Lieu culturel par excellence, le musée exprime de plus en plus cette caractéristique à travers son architecture. Plusieurs constructions récentes de musées québécois font ressortir cet effort des architectes pour établir un rapport de « signifié à signifiant » entre la bâtisse, l'enveloppe, et son contenu muséal.

Les musées du Québec, de la civilisation et des beaux-arts de Montréal sont autant d'exemples de cette préoccupation. À l'étranger, on peut citer le Centre Georges Pompidou, le Grand Louvre, la National Gallery de Washington, le Museum of Contemporary Art de Los Angeles et, plus récemment, l'aile Sainsbury de la National Gallery de Londres ou le Carré d'art de Nîmes.

Cet effort des architectes pour harmoniser étroitement le fond et la forme du musée n'est pas une nouveauté. Les bâtiments muséaux des XVIIe et XVIIIe siècles en témoignent éloquemment (Fabianski). Ce qui a évolué considérablement cependant, ce sont les fonctions du musée et, par voie de conséquence, sa forme.

Non seulement le musée est-il devenu un témoignage de la transcendance de l'art et de la pensée à travers sa propre architecture, mais encore a-t-il tendance à se doter d'une autonomie d'existence de plus en plus grande. Ce qui n'est pas souhaitable, car le musée doit se définir comme un partenaire culturel et social et se contraindre à développer un réseau d'amis et de collaborateurs.

Doté d'espaces polyvalents : salles de concert et de spectacle, cinéma, librairie, bibliothèques, ateliers et services publics, le musée se fait, de surcroît, éditeur, producteur de spectacles et même vendeur de services professionnels. Le rôle du musée et de ceux qui y travaillent a connu une mutation étourdissante au cours des dernières années. Si le boom des dernières années avait pour effet de transformer les grands musées à l'image de certaines universités, drapées dans leurs certitudes, il faudrait alors parler d'une dérive !

Lieu culturel authentique, le musée ne saurait donc se comporter comme le lieu de la certitude. La pensée, l'art, l'histoire n'appartiennent pas au domaine de la certitude et de la conclusion péremptoire et définitive. Ces disciplines sont consacrées à l'investigation, à la réflexion, à la construction d'hypothèses.

« Les artistes firent toujours leur travail comme une prière » écrivait Alain. Cette remarque fait bien voir, si cela est nécessaire, que le musée d'art lui-même n'échappe pas au devoir d'humilité que commande la mise en valeur des œuvres devenues « œuvres d'art », mais avant tout produites par des artisans comme le souligne encore Alain : « À mes yeux l'artiste était premièrement un artisan, un homme qui savait un métier et qui aimait son métier ».

Tout ceci ne dispense pas le musée de s'engager envers son public et de mettre à sa disposition la compétence et les connaissances de son personnel. Conservateurs, historiens, chercheurs, muséographes sont ainsi conviés à faire du musée **un lieu d'explication d'abord.** Un lieu dont la responsabilité ne saurait être « d'en rajouter à l'œuvre d'art », un lieu qui crée et qui aménage les conditions de la découverte et de la compréhension de l'œuvre. L'église n'est pas le culte, elle est le lieu du culte ; elle rend celui-ci plus compréhensible, elle lui donne une dimension sensible qu'il n'aurait pas s'il était exercé dans un lieu banal. Ainsi en est-il du musée. Il se doit de préparer, de susciter même, ces instants merveilleux mais rarissimes où l'émotion esthétique rejoint un certain au-delà, ces moments précieux où passent les anges ! De tels moments doivent être préparés par une démarche de « co-naissance » et de l'œuvre. Toute forme de création est un produit de synthèse et d'illumination. La découverte du musée n'y échappe pas.

Ce qui n'est pas une mince tâche lorsqu'on sait combien il est délicat de décoder l'œuvre d'art, de contextualiser l'objet ancien, de créer une synergie entre l'objet et l'histoire, de dépasser la dure coquille des matériaux pour retrouver l'âme des choses, les aspirations et les passions qui ont justifié la création.

Ce qui m'amène à souligner que le musée n'est pas une île. Que le musée fait partie « du système culturel ». Qu'il s'inscrit dans un ensemble plus large qui s'appelle les services culturels d'une ville, l'action culturelle offerte aux citoyens, les équipements culturels publics.

Création, production, diffusion, conservation ne sont pas des attributs uniques du musée. D'autres institutions, d'autres disciplines artistiques communient avec ces objectifs : le théâtre, la danse, la musique... D'autres agents culturels occupent une place dans la cité : propriétaires de galeries, libraires, disquaires... Autant d'acteurs qui contrôlent, animent, développent le « système culturel » dont le moteur demeure, et demeurera toujours, la création. Une création de moins en moins réservée aux seuls êtres solitaires, une création dont la forme est devenue foisonnante au cours des ans.

Enfin, comment évoquer le musée comme lieu culturel sans signaler la richesse et la diversité des musées et de la muséographie ?

Entre les grands temples de la muséologie, le Louvre, le Prado, la National Gallery de Londres, le Metropolitan Museum de New York, le Musée des Ursulines de Québec ou le Musée de Pointe-Bleue, qu'y a-t-il en commun ?

Un souvenir de voyage est demeuré bien vif en moi. Au détour d'une route, à Bouaké, j'avais découvert une modeste case qu'on qualifiait de « Musée Baoulé ». Quelques statues de bois gigantesques baignant dans l'eau, un escalier en colimaçon, une lumière magique, les rumeurs du village, les odeurs... Je ne retrouverai jamais les moments d'intense émotion esthétique et spirituelle que j'ai alors vécus durant quelques fugaces minutes, même lorsque je découvrirai, quelques années plus tard, les merveilles des grands musées de Londres.

Il est des jours où passent les anges. Et cela n'a rien à voir avec la richesse des collections et l'architecture pharaonique.

La flore des musées n'est pas encore décrite, la typologie est toujours à élaborer. Un monde sépare la modeste violette de l'orme d'Amérique. Un monde sépare le « musée » de Bouaké du Musée de la civilisation. De surcroît, tout n'a pas encore été dit, loin de là. Joël de Rosnay n'évoque-t-il pas ce musée de « la mémoire génétique de l'écosystème » qui aurait pour mission de créer des banques nationales de ressources génétiques (microbes, cellules vivantes) et de garantir ainsi de nombreuses espèces contre la dangereuse uniformisation qui se produit actuellement avec la disparition de nombreuses variétés de plantes, d'insectes, d'animaux ?

Nous pourrions penser que nous sommes bien éloignés de la collection traditionnelle de tibias et de fémurs que nous présentent parfois les musées ! En réalité, il s'agit d'une nouvelle étape dans le développement de la muséologie. Ce musée d'aujourd'hui, évoqué par le biologiste, illustre l'élargissement des fonctions traditionnelles du musée et le développement considérable des connaissances et des savoirs. Puiser dans les richesses du XXe siècle, c'est se situer à des années-lumières des XVIIIe et XIXe siècles.

Devenu un lieu culturel, le musée est devenu en même temps un lieu multifonctionnel. Ce qui peut dérouter ses conservateurs, mais non pas ses visiteurs qui, de plus en plus, s'approprient ce lieu culturel et lui donnent ainsi un caractère de **lieu social**.

Le musée, un lieu social

La segmentation des marchés dans tous les domaines de la production de biens ou de services est aujourd'hui une réalité bien connue.

Il en découle cette idée simple, durant longtemps absente des préoccupations des musées, à l'effet qu'on ne saurait parler **d'un** public mais plus exactement **des** publics. Des publics correspondant à des groupes d'âge, des profils socio-culturels, des objectifs de visite.

Que cela plaise ou non aux muséologues, on ne saurait recevoir le touriste qui descend du car pour une halte culturelle de la même manière qu'un groupe d'élèves du secondaire qui visitent l'exposition dans le cadre d'un projet scolaire. On ne saurait recevoir les nombreux visiteurs de fin de semaine de la même manière qu'on reçoit les groupes du troisième âge qui disposent de tout leur temps et qui veulent être accompagnés.

Il est des visiteurs qu'il faut apprivoiser doucement, d'autres qu'il faut informer généreusement, d'autres qui ne désirent connaître que les heures d'ouverture et la programmation et qui ne veulent surtout pas se faire animer, guider, informer. Ce sont les habitués, ceux qui lisent attentivement les cartouches et qui dépouillent l'information disponible pour bien cerner la question et se donner toutes les chances de tirer profit de leur visite.

La compréhension de ces divers publics et l'ajustement des services du musée à leurs besoins particuliers est affaire de finesse et de prévenance. On ne saurait en confier la gestion qu'à des spécialistes en communication. À tout le moins, ceux qui en prennent charge doivent-ils oublier, pour un instant, leurs préoccupations scientifiques de spécialistes en muséologie et se muer en pédagogues.

Ce qui m'amène à souligner un trait dominant et actuel des musées : leur intérêt pour la création d'événements et pour le développement d'une **approche plurielle**. Une approche qui se nourrit à plusieurs sources, notamment en ce qui concerne les techniques d'exposition et l'exploitation de langages autres que celui de l'exposition.

Si modeste soit-il, le musée qui présente une exposition ne peut se contenter de quelques socles et réflecteurs comme soutien technique et environnement visuel. La technologie audiovisuelle présente une panoplie de moyens des plus précieux. Encore faut-il que son usage soit un « plus » au sein du musée. Le film et la vidéo ne sauraient remplacer l'œuvre, pas plus qu'ils ne sauraient distraire le visiteur (dans les deux sens du mot : amuser et déranger). Mais quel usage extraordinaire ne peut-on pas faire de la technologie pour **s'expliquer et expliquer**.

Faut-il toujours, par exemple, que les conservateurs se refusent à rendre des comptes au public sur les choix qu'ils ont faits ? Pourquoi avoir choisi telle œuvre plutôt que telle autre ? Quelles sont les règles qui ont prévalu dans la mise en valeur, la présentation ? Je ne me souviens pas d'avoir vu un vidéo, à l'entrée ou à la sortie d'une exposition qui fournissait de telles informations. « L'immunité muséale » est une notion dépassée. Le temps est venu de partager la science et les hésitations des conservateurs avec le public.

Multiples sont les possibilités qu'offre la technologie. Qu'on pense, par exemple, à l'intérêt de présenter sur vidéogramme les œuvres qui ne sont pas exposées. Ou encore à la mise en contexte historique et sociale, à la présentation des grands courants, ou de la situation politique. (Il n'est pas inutile, par exemple, de faire le pont entre les pouvoirs en place à une certaine époque et la production artistique. Sous Napoléon, on produisait autre chose que sous Richelieu… et pour cause !).

Pluriel par les moyens de présentation muséographique qu'il utilise, le musée l'est aussi par la multiplication des langages et des approches de communication qu'il privilégie. Alors que l'action culturelle ou l'activité éducative ont longtemps été considérées comme des compléments, des actions périphériques à l'exposition, ces démarches font maintenant partie beaucoup plus intimement de la démarche muséologique. Ce qui se traduit par une approche thématique qui tend à se généraliser. Une approche dont la première intention est d'intégrer deux dimensions indispensables à la réflexion sociale : la médiation entre l'homme et le monde et le langage muséologique. Une démarche muséologique qui prend appui sur une idée qui devient le point de départ de l'exposition (comme en musique où le thème est à l'origine du morceau de musique). Une transformation (ici, le mot « thème » est pris dans le sens de la traduction d'une langue dans une autre) depuis le réel vers la sémantique muséographique. L'approche thématique est la colonne vertébrale de l'exposition. Le thème, qui ne saurait être épuisé par un seul événement, est présent non seulement à travers toute l'exposition mais aussi à travers toute l'activité muséologique qui, par la démarche éducative, l'action culturelle, les publications, le programme de relations publiques même, assure la diffusion la plus large.

L'exposition devient ainsi non seulement un essai, mais également une synthèse puisqu'elle réunit le maximum d'éléments de connaissance en un faisceau thématique.

Une telle intégration nourrit la réflexion et fait du musée beaucoup plus qu'un lieu d'exposition. Véritable tête chercheuse, le musée tente alors de dépasser la démarche esthétique et se risque même sur le terrain mouvant de l'action sociale.

Cette approche convient sans doute prioritairement aux musées de société sans pour autant être fermée aux musées d'art.

Il est évident qu'une exposition sur la pauvreté, la drogue, la famille, le travail ou l'immigration se prête plus spontanément à la réflexion sociale qu'une exposition sur la sculpture québécoise du XIXe siècle, la peinture naïve ou l'œuvre de Pellan. Mais encore est-il que *Vinci* aurait pu comporter un volet social important qui n'aurait qu'enrichi la magnifique exposition présentée il y a quelques années au Musée des beaux-arts de Montréal.

Il ne faut donc pas créer d'inutiles oppositions entre les types de musées. Il faut plutôt tabler sur l'imagination des muséologues de tous les musées pour faire de leurs institutions des institutions rayonnantes, et pourquoi pas, étonnantes.

Nous semblons ici bien éloignés de la vocation traditionnelle du musée responsable de faire parler « les témoins matériels », les objets. On parle « d'expots » ou encore d'artefacts. Ce dernier mot, du latin *artis factum* signifie notamment « un phénomène d'origine humaine ». Et si nous forcions légèrement la sémantique pour exprimer l'hypothèse que dans certains musées le principal artefact, phénomène humain avant tout, est immatériel puisqu'il intègre au cœur de toute manifestation muséologique, comme premières richesses à découvrir, l'intelligence humaine, la sensibilité, l'imagination, la créativité ? Ce qui suppose que le musée s'avance sur un terrain incertain, qu'il accepte de présenter des sujets sur lesquels l'Histoire n'a pas encore tiré le rideau.

Lorsque des thèmes sociaux sont présents au musée en tant que discours, réflexion et explication, le musée n'est pas dénaturé. Il est plutôt amplifié à la grandeur de l'homme qu'il veut servir.

Ce qui incite le musée à s'ouvrir sur l'extérieur, à rechercher des partenaires et à susciter des alliances.

Un thème peut être développé dans l'abstrait, en raison de son intérêt intellectuel et muséologique, ce qui n'est pas à exclure absolument. Il est cependant préférable que coïncident des incitatifs externes et des choix internes. Au Musée de la civilisation, par exemple, une exposition est en préparation sous le titre **Histoire d'amour et d'éprouvettes**. Un projet qui est né à l'occasion de la tenue à Québec d'un congrès international de gynécologie.

Dans la même veine, soulignons la démarche d'ouverture aux analphabètes, par l'organisation d'activités adaptées à leurs besoins particuliers. Ou encore la série **Aujourd'hui**, des conférences sur des sujets d'actualité qui ont une grande portée sociale (ex. : *La montée de l'intégrisme en Islam, Les propositions constitutionnelles du lac Meech, L'éclatement de l'URSS*).

De telles préoccupations confèrent au musée comme lieu social une vertu additionnelle : il est un lieu ouvert, un lieu de communication.

Le monde est en quelque sorte formé de commutateurs : « on » et la lumière apparaît, « off » et elle disparaît. Les uns sont centrés sur le développement, la création, le changement, les autres s'en tiennent à une action conservatrice, tournée sur le passé, choisissant toujours les valeurs stables et sûres. S'il en est ainsi des êtres humains, il en est de même des institutions.

Pensons à la mutation qu'ont connue les bibliothèques au cours des dernières années sous l'impulsion de personnes obsédées par l'ouverture, l'accessibilité des services, le service aux publics. Québec, Brassard, Saint-Léonard, pour ne citer que trois exemples, possèdent ces bijoux culturels que sont les bibliothèques de la nouvelle génération. Genre hybride, organisation polyvalente, mais surtout lieux ouverts. Ouverts physiquement et matériellement, ouverts culturellement, ouverts comme doivent l'être des services publics adaptés aux besoins des citoyens.

Beaucoup de musées ont emboîté le pas. Nombre de musées régionaux sont des institutions bien accordées aux rythmes des populations ambiantes. Les grandes institutions multiplient les signaux exprimant leur ouverture. Il n'est pas sans signification que le Musée des beaux-arts de Montréal ait ouvert ses portes durant quarante-huit heures continues lors de sa récente inauguration. Avec le résultat qu'il a fallu accélérer les visites vers minuit! Un musée situé dans une métropole ne peut ignorer ses pulsions particulières.

Faire du musée un lieu de communication n'est pas qu'une simple grande idée à la mode; c'est une attitude pratique, quotidienne qui passe par la qualité de la signalisation, l'abondance de l'information muséologique, la qualité du rapport avec les personnes lors de l'accueil au musée, le recours à l'intelligence des visiteurs, mais aussi le respect de leurs sensibilités. Un musée «convivial» c'est d'abord un musée sensible aux personnes, à leurs attentes, à leurs besoins. Un objectif contraignant et difficile à réaliser, car il suppose une attention de tous les instants à de multiples aspects qui peuvent paraître à première vue accessoires et secondaires, et qui, pourtant, expriment la différence entre une institution ouverte et communicative et une institution qui ne se soucie nullement de ces attributs.

Ce qui me conduit à souligner l'importance pour le musée, lieu culturel et lieu social, d'être également **un lieu de gestion**.

Le musée, un lieu de gestion

On évoque rarement l'importance qu'a prise l'activité de gestion dans l'évolution des musées au cours des dernières années. Services publics (quel que soit leur statut juridique par ailleurs), les musées existent, comme cela a déjà été souligné, pour servir des publics. Par voie de conséquence, ils doivent se préoccuper de mettre au point des produits muséologiques répondant aux besoins et aux attentes de ces publics.

Une idée en apparence banale et bien terre à terre, mais qui donne un rude coup aux démarches de conservateurs qui poursuivent « leurs recherches sur leurs collections en vue de présenter leur exposition et signer leur catalogue ». Une idée qui va à l'encontre d'une certaine pratique qui a pour effet de privilégier l'enrichissement du curriculum vitæ des personnes concernées plutôt que de répondre prioritairement aux objectifs institutionnels et aux besoins de ces publics.

Il peut paraître irrévérencieux de se référer aux techniques de mise en marché pour parler des produits muséologiques. Il est pourtant éclairant de le faire. Connaître les clientèles, créer des produits répondant aux besoins sans se laisser dominer par la tyrannie des publics et sans verser dans le populisme qui est aux antipodes de l'ouverture d'esprit, se doter des instruments de mesure pour juger du niveau de réussite, voilà une démarche qui vaut pour un musée tout autant que pour une usine de téléviseurs.

Une telle approche suppose l'évolution de la profession de conservateur et surtout, la présence au sein des musées d'équipes multidisciplinaires qui forment des équipes de projet et qui se partagent les rôles selon leurs spécialités. Le « conservateur-orchestre » est une espèce en voie de disparition. Expert en histoire de l'art, en conservation, en choix et en mise en valeur des objets, il ne saurait être de surcroît un expert de la communication écrite, de l'audiovisuel et de l'esthétique de présentation.

Cette évolution suppose la cohabitation de professionnels de formations diverses. Elle ne peut se pratiquer que si la direction du musée est convaincue de la primauté du service du musée à l'endroit du public, de l'intérêt de combiner les compétences et de créer un effet de fertilisation croisée sur les idées et les connaissances. Ce qui ne peut, on le sait, que donner des rejetons plus vigoureux.

Comment parler de la gestion du musée sans parler de la connaissance précise des publics ? Il est sans doute fort utile à la direction du Musée d'Orsay, à Paris, de savoir que 35 p. cent de ses visiteurs viennent tout simplement pour jouir de l'ambiance générale du musée alors que 43 p. cent viennent pour voir les Impressionnistes. Tout un travail est à faire pour profiter de la venue de ce 35 p. cent et en faire de véritables visiteurs intéressés au contenu muséologique et aptes à se transformer en visiteurs fidèles.

Savoir que les visiteurs, dans une proportion importante, préfèrent qu'on leur offre des « menus à la carte » plutôt que des parcours obligés, n'est pas sans importance. Cela a pour effet qu'on mette en place les moyens nécessaires pour les rendre autonomes. Connaître ses publics pour les mieux servir, voilà un objectif administratif qui a des conséquences sur l'ensemble des mesures prises à l'intention des visiteurs du musée.

Imputable auprès de son public, le musée l'est également à l'endroit de ses bailleurs de fonds. Élus municipaux, membres de fondations, conseils d'administration sont les lieux habituels de reddition des comptes des directions de musée. Sans développer plus avant, disons qu'un musée véritablement enraciné dans son milieu ne craint ni de rendre des comptes, ni d'expliquer ses choix. Disons aussi que des élus, par les années qui courent en particulier, ne sauraient investir dans un musée sans pouvoir justifier cet investissement par rapport à tant d'autres. Le rapport entre la direction du musée et ceux qui ont le droit de lui demander des comptes n'est pas toujours facile, mais il est légitime. Il peut être source de mises en commun intéressantes entre ceux qui ont des responsabilités politiques d'ensemble et ceux qui développent avec enthousiasme un secteur culturel particulier.

Bouclons la boucle en signalant combien il est important de mesurer la portée et d'évaluer la qualité des produits muséologiques.

Dans le milieu de l'éducation, on parle *ad nauseam* de l'importance de l'évaluation. Tout laisse croire que les théoriciens sont devenus beaucoup plus nombreux que les praticiens ! Il ne faudrait pas que la muséologie emprunte cette voie. Il faudrait plutôt que la toute jeune technique (je n'ose parler de science, ce serait abusif) de l'évaluation muséologique se développe généreusement sur le terrain.

Au Musée de la civilisation, nous avons abordé cette question de façon empirique. En confiant d'abord l'évaluation au Service de recherche devenu depuis lors **Service de la recherche et de l'évaluation** et en élaborant avec toutes les personnes visées un programme d'évaluation sur une période de trois ans.

Ce faisant, nous souhaitons à la fois nous donner toute l'information possible sur la qualité de nos produits muséologiques et développer un savoir-faire et des instruments d'évaluation qui seront utiles aux autres musées qui souhaiteraient en bénéficier. Nous sommes conscients que c'est un domaine où tout reste à faire et nous avons décidé de passer à l'action.

Je terminerai ces réflexions sur le musée comme lieu de gestion en soulignant que tout musée, petit ou grand, fait face tôt ou tard, à une difficulté, surtout s'il connaît du succès. Il est décrié, en particulier par ceux qui ne le fréquentent pas, comme un produit de luxe, cher et dispendieux à la fois. On en vient périodiquement à remettre en cause, sinon son existence, du moins son niveau de financement.

C'est là un préjugé avec lequel il faut sans doute vivre, mais qu'on ne saurait combattre sur le seul terrain des discussions budgétaires. Une certaine manière de gérer qui passe par le souci d'adapter les produits à des clientèles spécifiques, la connaissance des publics, la reddition de compte sans détours, la mise en place de mécanismes d'évaluation continus, sont autant d'ingrédients à combiner pour défendre le musée lorsque le besoin s'en fait sentir et lui assurer la crédibilité administrative sans laquelle il ne pourra mener à bien son projet culturel.

Conclusion

Le musée évolue avec la société. Il n'est donc pas étonnant qu'il soit devenu, au cours des ans, plus interactif, plus attentif aux messages et attentes des visiteurs, plus désireux de les entendre et, en conséquence, plus ingénieux dans l'attribution du droit de parole aux visiteurs. De lieu de conservation qu'il était prioritairement, le musée est devenu un lieu de diffusion. De haut lieu de savoir-faire spécialisé, le musée est devenu un lieu qui repose sur l'interdisciplinarité. De lieu de contemplation, le musée devient de surcroît un lieu de communication. De mausolée, le musée devient observatoire.

Ce faisant, le musée répond-il encore au dogme de l'ICOM qui voudrait bien en graver la définition dans le bronze pérenne : « une institution permanente [...] au service de la société et de son développement [...] qui poursuit des recherches concernant les témoins matériels de l'homme et de son environnement, qui acquiert ceux-ci, les conserve, les communique et, notamment, les expose à des fins d'éducation et de délectation ».

La vie toujours foisonnante s'accommode mal des dogmes. Ce sont plus que **les témoins matériels de l'homme** qui sont aujourd'hui l'objet unique du propos d'un nombre croissant de musées, c'est le public lui-même qui, en quelque sorte, en est l'acteur engagé et dynamique. Ce sont les visiteurs qui sont intégrés à la démarche muséale jusqu'à devenir des témoins actifs et être partie liée à la découverte muséologique.

Les musées sont donc à la croisée des chemins. Les mutations rapides et importantes qu'ils connaissent risquent de leur faire perdre leur âme s'ils ne conjuguent pas les valeurs immenses et irremplaçables que leur lègue la longue démarche humaniste des musées du monde et l'appel à l'ouverture qui les conduit parfois à marcher sur la corde raide, sans filet de sécurité.

Mais si les musées se collent obstinément aux besoins de ceux pour qui ils existent, ils ne sauraient que grandir car la société actuelle, plus que jamais, a besoin d'institutions qui la conduisent vers les valeurs de l'intelligence, la réflexion sur les grandes questions : **l'être** et non pas seulement **le paraître**. Lieux de conservation des objets et des trésors du monde, les musées sont conviés à faire plus et mieux : conserver des valeurs et des richesses intellectuelles et spirituelles qui autrement disparaîtraient.

D'ailleurs, peut-on véritablement parler de mutation des musées alors qu'on revient à leurs origines après un long détour ? Le goût de la collection n'est-il pas né d'abord de la préoccupation de la vie dans l'au-delà. Les Égyptiens formaient d'immenses dépôts d'objets, souvent réalisés en matériaux de luxe, qui sont de véritables musées funéraires. Le mouseîon d'Alexandrie ne comportait-il pas une bibliothèque, un jardin zoologique et des collections d'objets ?

Associer étroitement le musée aux valeurs de la société, aux grandes questions qui fondent l'existence, ne comporte donc aucun risque, si ce n'est celui de mieux servir les hommes, les femmes et les enfants pour qui il existe.

Roland Arpin est directeur général du Musée de la civilisation (Québec) depuis 1987. Il a poursuivi une triple carrière : professeur, administrateur scolaire et administrateur public. Son travail d'enseignant l'a conduit à parcourir tout le cycle scolaire, ses responsabilités de directeur général du Cégep de Maisonneuve (Montréal) l'ont plongé au cœur des grands débats des années 60, et ses fonctions gouvernementales au titre de sous-ministre adjoint à l'Éducation, sous-ministre aux Affaires culturelles puis, secrétaire du Conseil du Trésor en ont fait un témoin privilégié des grands enjeux politiques et sociaux.

Documents consultés

ALAIN. *Les arts et les dieux,* Bibliothèque de la Pléiade, Paris, 1958.

ARPIN, Roland. *Les musées et la politique : cohabitation ou compromis,* Conférence, Congrès annuel conjoint : Association des musées canadiens et Société des musées québécois, Hull, 7 juin 1989, 32 p.

ARPIN, Roland. *Plaidoyer pour des musées au service de la société*, allocution présentée au colloque « Muséologie et environnement », Lyon, 6 décembre 1990, 34 p.

ARPIN, Roland. *Présentation du Musée de la civilisation au Louvre*, 14 février 1992.

Cofremca et Direction des musées de France, *Rapport de synthèse des investigations menées au Musée d'Orsay et au Musée d'Art moderne et contemporain de Saint-Étienne*, Paris, juin 1989, 22 p.

FABIANSKY, Marcin. « Iconography of the Architecture of Ideal Musæa in the Fifteenth to Eighteenth Century », *Journal of the History of Collections,* vol. 2 n° 2, 1990, p. 95-134.

Louvre et The British Council, Programme du colloque Musée-musées, colloque franco-britannique, 28-29 novembre 1992, 8 p.

LE MUSÉE PENSE-T-IL ?

François Lachapelle
Directeur
Musée régional de Rimouski

Du mécène qui invitait les gens de son niveau à contempler ses œuvres d'art, au musée du XIXᵉ siècle qui ouvrait ses portes à un public invité à admirer quelques œuvres de sa collection, un seul pas, à mon sens, a été franchi. L'institutionnalisation de l'activité qui consiste à conserver une collection et à la montrer en est la principale caractéristique. Que le mandat des institutions muséales d'alors ait été défini par une instance privée ou publique, il n'en reste pas moins qu'une homogénéité les réunissait. En raison d'une part du contexte des démarches artistiques et intellectuelles, l'objet premier de l'acte de collectionner était de conserver des traces de l'histoire, de la nature ou des arts.

Depuis, la prolifération des institutions muséales a été associée à la multiplication des collections et à la spécialisation de l'orientation de celles-ci. On a toujours analysé cette prolifération en considération d'une des fonctions du musée dans la société, celle de collectionner. Le présent essai vise à analyser les tendances muséologiques en tenant compte d'une autre fonction fondamentale du musée, celle de montrer et de démontrer.

De la démonstration

Une des créations du XXᵉ siècle illustrant parfaitement le développement économique, démographique et technologique et qui a eu une immense influence sur notre société contemporaine est, faut-il la nommer, la télévision. Dans une économie de marché comme la nôtre, la télévision demeure un de nos bons instruments de mesure des aspirations de notre société. Elle est aussi prise ici en tant qu'élément influençant les autres diffuseurs dont notre société s'est dotée.

La télévision répond à un des traits de caractère de l'être humain, la curiosité. Elle développe notre curiosité à voir les choses, objets et actions, qu'ils soient tout près sans qu'on le sache, ou loin et inaccessibles sans elle. Elle relève avec succès le défi de notre société démocratique où l'enjeu est de montrer les objets et de dire les faits. Son ascendant a sans contredit affecté la muséologie contemporaine, du moins dans sa façon de montrer.

Une question est ici soulevée : la muséologie montre-t-elle de la même façon que la télévision ? La différence peut nous informer. En examinant nos grands événements muséaux, comme les *blockbusters*, la différence est minime. En fait, la plupart de ces expositions se bornent en général à montrer des objets et à expliquer des faits. Visiter une de ces expositions constitue, *a priori*, un exercice relativement similaire à celui du «zapping» en regardant la télévision. Nous pouvons alors modérer rapidement notre besoin de voir beaucoup en peu de temps et d'apprendre rapidement avec peu d'effort. Les scènes se suivent à un rythme où notre curiosité de voir et d'entendre supplante notre désir de comprendre une problématique ou de saisir une démonstration.

Toutefois, la grande qualité des musées réside en ce que les expositions rendent accessibles, en un seul lieu, les objets d'un grand nombre de collections dispersées au pays et dans le monde. On préserve ainsi l'une des responsabilités premières des musées producteurs de ces *blockbusters*, celle de rendre accessibles au public des objets qui, sans l'existence des musées, ne seraient ni protégés ni présentés. Ces objets et leurs contenus ne meurent donc pas aussi facilement que l'«image» télévisuelle, trop dépendante du simple «zapping». L'artefact et ses contenus demeurent. Cette pérennité de l'«image» de l'exposition, quoique relativement dépendante de sa durée, confère aux musées une qualité de communication que la télévision ne possède pas, celle de l'insistance. À titre d'exemple, comparons simplement le peu de réactions que suscite la présence de nus masculins à la télévision avec les réactions des instances publiques devant les expositions d'artistes comme Evergon et Maplethorpe. Certains de nos artistes décrient plusieurs problématiques de notre société. Le passage d'une chanson et de son clip à la télévision n'est qu'éphémère alors que celui d'une œuvre ou d'une exposition a une durée plus longue. Le pouvoir de communication de nos musées se trouve ainsi ancré dans la pérennité de l'objet qu'il présente.

À l'opposé de la télévision, qui nous offre à peine quelques minutes par jour de débats et d'analyses journalistiques constructives, la muséologie contemporaine tend à faire davantage que de simplement rendre accessibles des éléments de sa collection ou ceux des «autres». Elle cherche à démontrer des faits, des problématiques ou des thèmes. La prémisse même d'une exposition n'est plus nécessairement l'élément d'une collection, mais peut provenir d'un «ailleurs». Il ne me semble pas adéquat de décrire l'acte muséologique d'exposer comme un acte se limitant à montrer des artefacts. Autant le musée d'art que celui de science, d'histoire ou de civilisation comprend son activité d'exposition comme une démonstration. À la limite, une exposition est davantage un exposé qu'une présentation. Le musée n'aliène plus la possibilité qu'il a d'amener le visiteur à aussi bien lire que contempler un objet. Cette lecture est même dirigée et contrôlée.

La muséologie n'approche plus l'objet en tant qu'entité procurant un renseignement de manière innée, mais bien en tant qu'élément d'une démonstration de la problématique qui lui est propre.

Institution publique réalisant un certain nombre d'expositions et contrôlant presque entièrement la nature de ce qu'elle veut démontrer, le musée d'aujourd'hui n'est plus le lieu discret où des objets sont entassés et quelquefois montrés. Il a une responsabilité de protéger une parcelle du patrimoine certes et, à ce titre, il est possible de le considérer comme un service public, mais il s'est également doté d'un pouvoir de communication sur l'estrade publique et il devient en ce sens un instrument de la société à laquelle il appartient. À la limite, l'acte de produire une exposition revient même à prendre une position dans un débat ou, du moins, à en démontrer la problématique soulevée.

Par les activités d'exposition, de publication, d'éducation et d'animation qui procurent à nos musées un véritable pouvoir d'agir et de réagir à l'intérieur de notre société, une nouvelle responsabilité se définit, différente de celle traditionnellement reliée à une discipline muséale (rigueur historique d'un musée d'histoire par exemple) ou à une profession (l'éthique du conservateur). Une notion émerge également, celle que la nature des choix disciplinaires (art, science ou histoire) peut autant faire partie du débat public que l'utilisation des fonds gouvernementaux. Afin que les prémisses de ces choix soient bien articulées et donc intégrées à un débat public potentiel, nos institutions se sont dotées, entre autres instruments, de missions.

On associe trop souvent la mission d'un musée à la description des composantes de sa collection et des méthodes utilisées pour en montrer les éléments aux visiteurs. Toutefois, il est clair que du point de vue du visiteur, la mission du musée est beaucoup plus l'articulation de la nature des expositions, des démonstrations et des autres instruments de diffusion auxquels il accède.

Quoique certains musées, de par l'ampleur de leur collection, mettent l'accent sur leur vocation publique qui consiste à collectionner et à conserver, d'autres accentueront leur fonction sociale. Quelques musées à grande collection concentrent leurs efforts sur leur activité de dissémination. Ainsi, l'élément clé d'une démonstration ou la mission d'une exposition vont jusqu'à déterminer l'approche, le thème et la clientèle des activités qui sont, à mon avis, également des activités de diffusion : les publications, les éléments de la promotion et les activités d'animation et d'éducation. L'ensemble de ces activités participent à la dissémination du contenu, du message ou des idées, traditionnellement liés uniquement à l'exposition.

La mission muséale se définit de moins en moins en termes de collection et de plus en plus en termes de positionnement sociétal. L'objet premier de ses activités n'est plus de montrer dans toute leur objectivité des objets d'art ou des artefacts, mais bien de communiquer des connaissances ou des problématiques, et de prendre position face à celles-ci.

Du « collectionnement »

Le développement de la technologie, des communications et de l'économie a permis à la muséologie contemporaine d'avoir accès, d'emprunter et de transporter des éléments des « autres » collections. Dans notre désir de répondre à la curiosité de notre clientèle, nous avons développé un immense marché d'échange qui répond à un vieux rêve de l'être humain, celui d'avoir accès à tout. Du musée du XIXe siècle au Biodôme, il n'y a qu'un seul pas, celui du développement de la technologie permettant au Biodôme d'accueillir des éléments du patrimoine vivant provenant de divers contextes climatiques. L'accessibilité quasi illimitée dont jouit le musée d'aujourd'hui à l'ensemble des collections du monde le pousse à équilibrer de manière plus équitable l'influence que la collection peut avoir sur ses activités de dissémination et l'influence que ces activités de dissémination pourraient exercer sur son activité de «collectionnement».

Le fait qu'un musée puisse accéder facilement à la collection d'un autre musée, conjugué à l'influence que son activité de démonstration peut exercer sur son activité de «collection-nement» le pousse à revoir le «collectionnement» non plus comme une simple action d'acquisition d'objets, mais aussi d'acquisition de connaissances et de documents relatifs à ces objets. La substance qui fait d'un objet l'intérêt d'une collection n'est plus l'objet pris en tant qu'entité indépendante et autorévélatrice, mais bien l'ensemble des faits, traces et documents reliés à sa compréhension dans un contexte spécifique. Le plus bel exemple est sans nul doute une même horloge faisant potentiellement partie de plusieurs collections, mais à des titres différents. Cette horloge peut tout à la fois souligner un fait scientifique, artistique et historique.

Plusieurs formes d'art du XXe siècle ont, entre autres, démontré l'importance d'approcher l'action de collectionner une œuvre d'art en dérogeant de la tradition de conserver sa matérialité. Dans les cas de la performance, de la sculpture environnementale ou d'autres formes d'art éphémère, le «collectionnement» se situe sur le plan de l'acquisition de documents, traces et faits entourant le «passage» de telles œuvres dans un contexte socio-culturel précis.

Ces formes de création du XXe siècle aussi bien que certaines approches muséologiques dites historiques, sociales ou ethnographiques ont également poussé l'activité de «collectionnement» vers des frontières imprévues. L'activité de «collectionnement» de plusieurs musées fait côtoyer l'acquisition d'objets, la recherche et l'enregistrement des principales données facilitant la compréhension de ces objets dans le contexte spécifique de la collection.

L'activité de « collectionnement » du musée d'aujourd'hui ne se restreint donc plus à la gestion d'une collection, elle s'est maintenant étendue à la gestion des archives littéraires et des recherches. Le sens et le rôle de la bibliothèque, par exemple, se trouvent ainsi redéfinis. Aussi, les responsabilités des muséologues se sont élargies. Ils ne peuvent plus fonctionner au sein d'un cercle composé uniquement de spécialistes comme le faisaient les muséologues du XIXe siècle. Ils doivent maintenant s'assurer que leur musée connaît et conserve non seulement des objets, mais aussi leurs contenus et leurs sens. Ils sont gestionnaires d'équipes de recherche, de conservation et de communication.

Poussant à la limite cette pratique, quelques institutions muséales orientent leur activité de « collectionnement » beaucoup plus vers l'acquisition de documents que vers l'acquisition d'objets d'art, de science, de culture ou de nature. Un musée thématique, par exemple, peut développer sa collection vers l'acquisition de recherches et de connaissances et utiliser les objets des autres pour ses activités de dissémination.

En tenant pour acquis qu'une des fonctions fondamentales du musée est la conservation d'un patrimoine donné, nous ne pouvons déjà plus approcher son rôle de protecteur d'une collection sans considérer aussi sa responsabilité de documentation, de recherche et d'enregistrement des traces. Le « collectionnement » ne se résume donc plus à la simple activité de compilation d'objets, il couvre également l'enregistrement et la documentation de leurs traces.

Une culture est comprise non seulement par la présentation de ses produits, mais aussi par la démonstration de ses fonctions, de ses interprétations et des problématiques qui lui sont inhérentes. Pareillement, l'activité d'acquisition concerne tout autant la culture matérielle que la culture des idées et des faits qui lui sont reliés. La recherche de connaissance et d'analyse de ces faits et de ces idées devient aussi importante que le produit, l'objet ou l'artefact lui-même. Une institution, dont l'acte n'est plus de simplement montrer mais bien de démontrer, doit se doter de ressources permettant la réalisation de recherche et de documentation.

Il est évidemment impossible pour un musée de documenter, d'enregistrer et d'élaborer des recherches sur l'ensemble des contextes entourant la connaissance des objets d'une collection. Un seul musée ne peut, de fait, orchestrer une activité rigoureuse de recherche et de documentation et donc de « collectionnement » autour des disciplines scientifiques, artistiques et historiques de son horloge. L'articulation de la mission du musée va lui donner l'orientation ou le but vers lequel sa recherche et sa documentation tendront. L'avenir devra céder une place de plus en plus prépondérante au « collectionnement » en tant qu'activité d'acquisition d'objets, de recherche et de documentation. La responsabilité publique de nos musées de montrer des objets et d'en démontrer leurs sens les oblige à considérer leur mission de protecteur comme étant liée autant à la matière qu'à l'idée.

Du positionnement

La capacité qu'a un musée d'entreprendre des recherches est, d'une part, sa garantie de développement et, d'autre part, la garantie de son positionnement sociétal. Seule l'articulation d'une mission, reflétant non seulement une collection mais aussi l'orientation de l'activité de « collectionnement » et une démarche de dissémination spécifique, cautionne l'action d'un musée dans la compréhension de son rôle social aussi bien que dans l'acceptation du service qu'il offre au public.

Le muséologue n'est plus simplement le conservateur d'une collection, d'un patrimoine, mais aussi un acteur dans sa société. En ce sens, sa mission ne se définit pas par la description de l'objet qu'il conserve ou qu'il diffuse, mais par l'articulation du message ou de la démonstration qu'il s'est donnée comme partie constituante de sa mission, de son rôle.

Le manque de substance, autant de notre télévision, de nos journalistes que de nos politiciens alors garants d'apporter des éléments aux débats de notre société, a permis à nos musées comme au public d'orienter la muséologie vers d'autres frontières où ceux-ci interagissent maintenant avec leur société, à l'échelle nationale ou internationale.

La responsabilité du musée ne se situe plus seulement dans le domaine de sa discipline, mais aussi dans celui de la communication. Il ne peut fonctionner pleinement et efficacement sans tenir compte de l'écart des mouvements et des rebondissements économiques, sociaux, politiques et technologiques. Ses choix et le contenu de ses activités de dissémination agissent et peuvent donc faire réagir aussi bien qu'être en réaction. Conséquemment, sa mission peut trouver son origine non plus seulement dans une collection, mais aussi dans le désir d'un positionnement, dans l'espoir de transmettre une connaissance, une expérience ou un fait et ainsi influencer le public. La définition de la mission d'un musée équivaut maintenant, à mon avis, à l'articulation d'une pensée.

Né au Québec, dans la région de Montréal, François Lachapelle a fait ses études universitaires à l'Université Laval. Après avoir travaillé plusieurs années comme conseiller visuel au Théâtre Repère, comme directeur artistique au magazine Continuité *et comme responsable des projets spéciaux dans le centre d'artistes La Chambre Blanche, il a travaillé au sein du Conseil des Arts du Canada comme agent des arts visuels, de l'architecture et des centres d'artistes. Il occupe actuellement le poste de directeur du Musée régional de Rimouski.*

AUX FRONTIÈRES DE L'INVISIBLE

Michèle Paradis
Directrice
Musée des religions
Nicolet, Québec

La société québécoise a connu au cours des dernières décennies des changements profonds dans son organisation sociale, économique et culturelle. Elle ne vit plus au rythme des saisons, elle ne vit plus à l'ombre des clochers. Le terroir devient moins bucolique, la ville plus aguichante. La ruralité s'effrite, l'urbanisation étend ses ramifications, créant ainsi la toujours célèbre opposition entre le rural et l'urbain, entre les régions excentriques et les grands centres. De ce fait, cette société connaît, depuis quelques années, de profondes mutations dont celles de la culture. Mutations au sein de la famille, des écoles, du travail; mutation religieuse, mutation du peuple québécois. Quatre-vingt-huit pour cent de la population continue à s'affirmer comme catholique, tandis que douze pour cent des Québécois se partagent entre les croyances juive, protestante, orthodoxe ou autres[1].

Ces mutations ont provoqué des transformations culturelles et font inévitablement apparaître de nouvelles tendances. Le profil de la société « homogène » québécoise se modifie par la présence accrue des communautés ethniques. Une prise de conscience de la richesse que représente cette diversité ethnique nous laisse entrevoir que ce phénomène constitue un atout majeur pour l'avenir de la société québécoise.

Des cultures différentes se côtoient, de nouveaux types de pensées sont confrontés.

La mondialisation des activités économiques s'affirme avec une force constante en même temps que la planète éclate suite à la chute du socialisme, en même temps que le capitalisme laisse voir des signes de faiblesse et que nous assistons à la montée de l'intégrisme sous le couvert de l'islam.

Tous ces facteurs amènent des transformations et font apparaître de nouveaux besoins. Il n'est donc pas surprenant de constater que même le secteur de la muséologie prend de nouveaux visages, épouse de nouvelles tendances. Des projets sont mis en interaction à différents niveaux et peuvent, d'une certaine façon, en tirer leur existence même.

Dans le texte qui suit, nous tenterons de faire un survol de l'évolution de la culture québécoise dans son ensemble afin d'expliquer la raison d'être du Musée des religions et d'identifier quelques principes généraux qui permettront d'offrir certaines orientations et de cerner quelques tendances de la muséologie québécoise.

La culture québécoise : le monde rural, le monde urbain

Depuis plusieurs décennies, l'urbanisation de la société québécoise s'est intensifiée, ce qui a eu pour effet d'entraîner l'appauvrissement des régions. Un découpage du territoire fait ressortir de façon claire les disparités, tant physiques que démographiques, de ces régions.

Ces disparités engendrent des inégalités économiques et sociales, mais également culturelles. L'opposition NATURE-CULTURE devient un ensemble de contrastes et de contradictions. Les idéaux, jusque-là liés au territoire se heurtent aux nouveaux courants, aux nouvelles tendances. « L'opposition urbain-rural n'a plus la même signification »[2]. La culture urbaine montréalaise prend ses distances, la culture urbaine de la ville de Québec s'affirme de plus en plus. Les autres régions, dites excentriques, tentent de se découvrir une identité qui leur est propre. On se regroupe, on consolide des forces vives afin d'avoir voix au chapitre et de faire face au phénomène de plus en plus grand de la mondialisation.

De nouvelles tendances religieuses

L'Église a toujours exercé une influence profonde qui allait au-delà de ses objectifs immédiats d'ordre spirituel[3]. Marquée par un profond traditionalisme, il faudra attendre le début des années soixante avant que la religion catholique ne connaisse des bouleversements. Des tendances nouvelles apparaissent. « La spiritualité des individus trouve maintenant à s'exprimer à travers une plus grande variété d'expériences »[4].

Le Québec connaît également une montée de plus en plus importante de nouveaux groupes et l'existence des communautés multiethniques donne alors au Québec un visage religieux, nouveau et différent. Depuis quelques années, les croyances religieuses qui se rattachaient au christianisme offrent de nouvelles tendances. Des vagues d'immigration en provenance d'Asie ont quelque peu contribué à diversifier le paysage religieux et le bouddhisme, l'hindouisme et d'autres religions orientales côtoient maintenant le judaïsme et l'islam[5]. La société québécoise est marquée non seulement par la diversité de ces religions mais également par l'apparition d'un très grand nombre de sectes. Cette multiplication semble être le résultat d'un phénomène de compensation aux divers malaises qui émergent de plus en plus depuis les dernières décennies.

Ces nouveaux Québécois, d'origines ethniques diverses, offrent donc une mosaïque diversifiée non seulement sur le plan religieux, mais également sur le plan social. Cette situation n'est pas sans poser de nouveaux défis à la société relativement homogène qu'était celle du Québec.

LE XXIe siècle sera religieux ou ne le sera pas

Qu'elle soit d'inspiration judéo-chrétienne, orthodoxe, orientale ou autre, toute religion est conditionnée par le temps et l'espace, la place et les circonstances de son histoire. La culture religieuse ne disparaît pas, elle se diversifie. La grande diversité des cultures devient de plus en plus accessible. Mais comment entrer véritablement en relation avec elles sans apprendre les coutumes et les croyances qui leur sont propres ?

L'histoire des religions est appelée à jouer un rôle important dans la vie culturelle contemporaine et le Musée des religions devient, pour le moins, un atout majeur. Il aborde l'histoire des religions de l'intérieur et non pas uniquement dans un contexte historique, sociologique ou politique. Les religions sont prises comme des faits ; elle sont vues, sues comme tels.

Les institutions muséales

La construction du Musée des religions a permis à l'une des régions excentriques du Québec de façonner quelque peu son image culturelle. Au cours de la dernière décennie, le gouvernement québécois a investi près de 130 millions de dollars pour développer de nouvelles institutions muséales, en consolider d'autres, dans les seules villes de Québec et Montréal et plus de 82 p. cent du budget du ministère des Affaires culturelles est alloué à ces institutions afin de leur permettre de fonctionner. La marge de manœuvre pour le reste du Québec est mince. Il n'en demeure pas moins fondamental de créer dans toutes les régions des lieux d'excellence afin d'éviter de devenir des succursales des grands centres.

Créer des lieux d'excellence, oui. Mais à quel prix ? De toute évidence, la culture doit être accessible à tout le monde et partout. Que ce soit dans le secteur économique ou culturel, on ne peut plus se permettre de travailler seul, isolé dans un ghetto, avec des objectifs à court terme. Il faut donc, même dans le domaine de la culture, travailler de façon à permettre la concertation, l'association, la fusion dans le but de se donner des objectifs à long terme.

On parle de plus en plus de « grappes industrielles » dans le milieu des affaires. Des grappes culturelles devraient également être envisagées afin de permettre à toutes les régions du Québec de jouer un rôle important dans le développement de la culture. Comme le précisait le sociologue Fernand Dumont, « nous sommes arrivés à un stade de développement où il faut formuler de nouvelles interrogations, de nouvelles approches ». Entre la récession, le chômage, les nombreuses commissions, il faut trouver, proposer de **nouveaux projets de société**. Il faut innover, il faut continuer à avoir le goût du risque, du beau.

La société québécoise n'échappe pas à la popularisation grandissante que connaissent les institutions muséales. Qu'avons-nous vraiment à lui offrir maintenant, qu'avons-nous à lui laisser en héritage demain ? Ces associations entre institutions muséales, ces jumelages, permettraient une meilleure concertation, deviendraient une force régionale, autoriseraient un meilleur développement, un plus grand rayonnement. Une large place est faite à l'initiative. Des mariages CULTURE-ÉCONOMIE se manifestent de plus en plus. En effet, de grandes entreprises s'associent à des institutions et à des activités culturelles en devenant des partenaires « haute distinction ». On investit dans la culture car on a compris qu'elle était rentable.

Le Musée des religions ou comment faire voir l'invisible

Un musée des religions existe. Il permet d'aller à « l'école » du pluralisme religieux. Il permet de s'interroger, de découvrir, de s'attacher aux faits religieux qui caractérisent chacune de ces communautés ethniques. Il permet de comprendre ces phénomènes, en eux-mêmes et pour eux-mêmes. À travers des formes extérieures (rites, coutumes, etc.), **l'invisible devient visible**. Bref, il permet d'aller au-delà de la barrière ethnique.

Mais il existe, d'abord et avant tout, parce que la religion a occupé une place de « choix » dans l'histoire de la société québécoise et que des gens du milieu ont reconnu l'importance de bâtir ce projet unique d'une institution muséale axée sur les phénomènes religieux, profanes ou sacrés. Il est d'ailleurs « regrettable que nous ne disposions pas d'un mot plus précis que RELIGION pour exprimer l'expérience du sacré »[6].

C'est pourquoi un groupe de personnes entreprenaient des démarches au cours de l'année 1981 afin de doter leur ville, leur région, d'un musée qui leur serait spécifique. Nicolet s'avéra le lieu par excellence pour l'établissement d'un tel musée. L'histoire nous rappelle, entre autres choses, qu'en 1760, le premier immigrant juif à s'établir en Amérique française, le colonel Hart, fixa sa résidence à Trois-Rivières. Ses descendants demeurèrent dans la région tandis que l'un d'eux traversa le fleuve pour aller vivre sur la rive sud.

D'autre part, une importante colonie anglaise protestante, s'établit dans cette région. Il n'en reste qu'une église et un cimetière, derniers vestiges de leur présence à Nicolet, qui tendent aujourd'hui à disparaître sous les chardons et les salicaires. Il y a aussi les Amérindiens qui, toujours présents dans la région, ont marqué et marquent encore la vie de ce territoire. Ce n'est pourtant qu'en 1991 que ce projet a connu son véritable aboutissement par l'ouverture officielle d'un nouvel édifice, car ce musée, qui avait vu le jour en 1986, était encore logé dans des locaux temporaires et plus que modestes.

Il aura donc fallu dix années d'efforts, de ténacité, d'énergie à cette corporation composée de gens du milieu et de représentants de différentes traditions religieuses, venant des quatre coins du Québec, pour convaincre les instances gouvernementales (municipale, provinciale, fédérale) de l'importance de voir un tel musée s'ériger au Cœur du Québec. Ce nouveau musée existe donc parce que des bénévoles y ont été associés et continuent de l'être. Mais aurait-il vraiment pu voir le jour avant? Institution thématique, spécifique, elle s'inscrit dans un nouveau courant. Musée sans véritable collection, malgré le fait que son rayonnement de plus en plus grand fait en sorte qu'on veuille y déposer de plus en plus de ces objets de culte devenus inutiles et que l'on cache quelque part dans des églises ou temples devenus de plus en plus silencieux. **Le musée n'acquiert pas nécessairement. Il devient un lieu de dépôt.**

Par son caractère spécifique, le musée devient également un **lieu de rassemblement** pour toutes les institutions muséales qui entrevoient la possibilité de présenter une exposition touchant une des nombreuses facettes des traditions religieuses. Développant, depuis 1986, un savoir-faire important et possédant un réseau de plus en plus grand de collaborateurs représentant différentes traditions religieuses, le musée peut, en quelque sorte, devenir un véritable lieu de diffusion et collaborer véritablement avec les institutions muséales, quelles qu'elles soient. Pour ce musée, le **collectionnement** prend donc une toute autre forme. À titre d'exemple, le musée prépare une exposition consacrée à la mort en collaboration avec le Musée de la civilisation et une exposition consacrée aux Huguenots en collaboration avec le Musée du Séminaire de Québec. Conscientes du rôle du Musée des religions, ces institutions s'y associent, évitant ainsi de diluer ou de faire éclater cette spécificité qu'est celle de LA RELIGION. Cette approche permet sans aucun doute de donner, à ce musée né du milieu, un rayonnement national, voire même international.

Outre de «faire voir et de faire savoir», le Musée des religions permet à de nombreux organismes et associations d'y tenir des activités. Il crée donc l'habitude du lieu et ces nouveaux équipements s'intègrent à la vie sociale de ce milieu. C'est donc en présentant une première exposition thématique, le 4 novembre 1986, que le musée a ouvert ses portes dans des locaux exigus. Cette première manifestation constitue une première en muséologie puisqu'elle réunit des représentants de quatre traditions différentes : la tradition amérindienne, la tradition juive, la tradition protestante et la tradition catholique.

Dès son inauguration, une couverture de presse exceptionnelle octroyait une place de choix à ce nouveau-né des musées québécois, en dépit du fait qu'il soit en région. Ce n'est donc pas un petit projet «sympathique», c'est un projet sérieux, tout aussi prometteur que s'il était situé dans un grand centre, parce qu'il est spécifique et qu'il reflète une nouvelle tendance non seulement dans son approche de diffusion des religions, mais également parce qu'il «colle» à une nouvelle réalité québécoise, c'est-à-dire la présence des communautés multiethniques, leurs croyances et leurs coutumes.

Depuis toutes ces années, l'intérêt de la communauté, tant locale que régionale, ne s'est pas démenti puisque le milieu a souscrit tout près de 600 000 dollars lors d'une collecte de fonds afin de construire un nouvel édifice. On dit de lui qu'il est un «bijou de petit musée». En effet, il n'a pas la taille ni les budgets des grands musées, loin de là, mais il demeure une indéniable réussite et une grande force, d'abord pour la région, puis pour le reste du Québec. Il devient un apport important de développement touristique et de retombées économiques pour la région. Depuis son ouverture, le 4 août

1991, plus de 20 000 visiteurs, dont 55,5 p. cent venant de l'extérieur de la région immédiate, l'ont visité.

Musée condamné à performer, il demeure vulnérable. La situation financière des institutions muséologiques est précaire et ce nouveau musée que l'on a reconnu n'y échappe aucunement. Non seulement doit-il faire voir l'invisible, mais il doit en outre le gérer! Il devient également vulnérable à cause de sa thématique, de son contenu impalpable et transcendant. Il est donc condamné à évoluer à un rythme accéléré et insaisissable.

À l'heure de la mondialisation

Le 4 août 1991, lors de l'inauguration du nouvel édifice abritant le Musée des religions, le président d'honneur, M. Claude Béland, président du Mouvement des Caisses Desjardins, déclarait que «les institutions et les entreprises régionales devront être branchées sur les enjeux et les grands thèmes universels. Autant, par exemple, la mondialisation des marchés affecte déjà, et de plus en plus, les entreprises de toutes les régions qui doivent alors mener leurs activités en tenant compte de ce qui se trame un peu partout sur la planète, autant sur le plan des valeurs, de la symbolique à laquelle nous participons, nous n'avons pas le choix d'être ouverts sur le monde... ». Les entreprises culturelles, même situées en régions excentriques, doivent avoir accès à ce phénomène de mondialisation. Seul un regroupement de forces vives permettra de faire face à ces nouvelles tendances.

Les tendances sont aux choix. «Avoir de l'imagination, c'est voir le monde dans sa totalité». Ces choix stratégiques doivent être identifiés et mis de l'avant par les institutions muséales elles-mêmes. L'institution qui offre une «mission clairement définie doit [...] préciser la part faite à chaque tendance, les conditions de leur cohabitation et la nature de leurs complémentarités »[7].

La société québécoise dite « homogène » est devenue un mythe. Elle éclate, elle se diversifie et elle doit s'ajuster si elle veut participer au phénomène de la mondialisation. Plus près de nous, les musées actualisent de plus en plus leurs expositions et tentent même une projection dans le futur.

Des associations naissent, des fusions se font parce qu'on reconnaît de plus en plus les spécificités de chacun. La notion même de musée change et le « collectionnement » s'étend. Il devient plus qu'un objet ; il devient expertise, espace, environnement, recherche, diffusion, éducation, animation.

Michèle Paradis est directrice du Musée des religions de Nicolet. Elle détient une maîtrise en ethnologie et poursuit actuellement un doctorat dans ce domaine.

Notes

1. Linteau, Durocher *et al.*, *Le Québec depuis 1930*, Montréal, Boréal, 1986, p. 589.
2. *Idem*, p. 495.
3. *Idem*, p. 87.
4. *Idem*, p. 589.
5. Simon Langlois (sous la dir.), *La Société québécoise et tendances 1960-1990*, Québec, Institut québécois de recherche sur la culture, 1990, p. 423.
6. Éliade Mircéa, *La nostalgie des origines*, France, Folio Gallimard, 1971, p. 9.
7. H.E.C. « Gestion des arts », *Le marketing en milieu muséal*, Montréal, mai 91, p. 71.

ZONE GRISE
EN ATTENTE DE COULEURS

Marie-Jeanne Musiol
Artiste

Dans plusieurs centres régionaux autres que Québec et Montréal, la pratique muséologique qui se développe autour des arts visuels demeure problématique et inégale. Elle se confond encore souvent avec un hypothétique consensus social, politique et institutionnel qui n'engage pas vraiment le métier. Ce consensus, maintenu au prix d'un effort considérable, en vient à désigner la totalité de l'activité muséologique. Il s'appuie sur des considérations structurelles périphériques à l'art, qui marginalisent les questions de contenu spécifiques à la discipline. Les activités de consolidation *dans le milieu* sont souvent présentées comme la finalité de l'activité muséologique, alors que les questions de pensée et de contenu sont différées ou contournées.

La machine de la culture

L'impératif de démocratisation issu des années soixante-dix, conjugué à l'émergence d'une notion de rentabilité illustrée de façon douteuse par les «industries culturelles» des années quatre-vingt, a façonné le visage d'institutions régionales dont on peut se demander si elles portent un projet quelconque, ou alimentent simplement la machine de la culture, hors de tout choix assumé et de toute orientation déterminante. Engins à la Tinguely qui jouent leur propre destruction jusqu'à l'anéantissement ou s'emballent dans le délire de leur propre fonctionnement. Cette situation, entretenue par la confusion des objectifs, doit être articulée avec précision, sans échappatoire ou faux-fuyant, pour orienter avec plus d'acuité l'avenir des institutions culturelles en région. Certes, les régions qui ne peuvent expérimenter la diversité et la spécificité d'activités artistiques ailleurs que dans des lieux désignés, tels les musées, les maisons de la culture, les centres d'exposition et les centres d'artistes, cherchent à combler un retard évident en pressant l'implantation d'infrastructures. Mais le développement d'infrastructures, qui ne s'accompagne pas parallèlement d'un investissement critique réel, risque de compromettre à brève échéance tout nouveau projet plus vital, qui devra partager des ressources limitées déjà engagées et difficiles à réattribuer. Il est donc essentiel que chaque nouvelle entreprise se définisse par des choix de contenu, avant de prendre irrémédiablement pied sur le terrain.

Malheureusement, les organismes de concertation dont les conseils régionaux de la culture n'entrent pas volontiers sur ce territoire qui en appelle à la « haute définition ». Dans un contexte politique, et même culturel, où les analyses se font en termes de croissance, de services et d'équipements, le « pourquoi » des projets est souvent escamoté et les interrogations centrales sont systématiquement écartées dans les études et les débats entourant les nouvelles implantations ou la perpétuation des anciennes. L'Outaouais est un bon exemple qui amène les quelques extrapolations suivantes.

On pressent que le postmodernisme tire à sa fin. L'hybride, le pastiche, l'hétéroclite, qui caractérisaient autant les modes de fonctionnement que l'architecture, semblent céder devant des considérations où l'aventure du sens reprend pied dans l'entreprise artistique. Il n'est plus du tout acquis que l'avenir soit à un éclectisme facile, fondé sur une externalité de moyens, où tout «coexiste merveilleusement dans une indifférence totale»[1]. Au contraire, l'impératif qui pointe à l'horizon n'intègre pas seulement les systèmes de gestion et de pensée, mais aussi des valeurs qui dépassent le contingent – spécificité des actions et de leurs conséquences, répercussions sur une chaîne invisible mais réelle d'antennes individuelles. Dans ce paysage qui s'esquisse déjà, l'institution régionale (musée, centre d'exposition ou centres d'artistes) aura à cerner avec plus d'acuité sa situation précise, au sein de son propre champ d'action, et en relation avec de plus grands ensembles.

Parmi les principaux obstacles au passage obligé à ce deuxième niveau d'action, on note dans les lieux artistiques régionaux le maintien d'un *statu quo* sécurisant qui protège le droit à l'existence, la formation incomplète des travailleurs culturels et des fonctionnaires pour assumer des positions novatrices ou prendre des risques, la disproportion des budgets consentis à la construction d'infrastructures et ceux qui devraient être alloués pour une gestion inventive du bâti.

Le maintien du *statu quo*, qui va de pair avec un hypothétique *consensus régional*, passe par la fameuse «intégration de l'économique, du social et du culturel», à laquelle on a pudiquement omis d'ajouter le politique. Chaque nouveau partenaire, qui s'associe de près au projet artistique pour le légitimer publiquement, ajoute une voix qui devient plus difficile à rallier lorsqu'il s'agit, avec la programmation, d'entrer sur le territoire moins consensuel des choix esthétiques et des valeurs contradictoires. Exceptionnellement, quelques musées et surtout les centres d'artistes, avec l'aide du Conseil des Arts du Canada, sont *autorisés* à se soustraire à la règle du consensus régional pour se situer dans un axe de création avec un impératif de recherche artistique active. Les réseaux qui se développent sur cette lancée échappent à la géographie absolue de la *région*. Ils bénéficient d'une exemption tacite qui est loin d'être une acceptation. Tout au plus une tolérance, qui est aussitôt révoquée quand on reproche à ces centres leur «incommunicabilité». Leur profil, souvent moins élevé que celui du centre d'exposition local, tient précisément à ce qu'ils ne s'intègrent pas horizontalement, qu'ils sont réticents à l'harmonisation obligatoire et à la normalisation. Souvent, leurs ressources sont proportionnellement inverses à celles des autres institutions muséales du lieu, alors que le travail accompli dans une perspective critique est plus probant. Le chaînon manquant pour expliciter leurs choix sur la place publique est un financement à l'interprétation, volet pour lequel ils ne sont pas soutenus au ministère des Affaires culturelles et que le Conseil des Arts du Canada considère comme extérieur à sa vocation. Ce qui, en région, perpétue la marginalisation des centres d'artistes et leur difficulté à s'imposer ailleurs que dans un cercle restreint.

Le dépassement du projet généraliste

Malgré des améliorations substantielles apportées dans la programmation et l'interprétation au cours des dernières années, plusieurs musées et centres d'exposition régionaux demeurent tributaires d'un projet généraliste, tentés par un éclectisme qui embrasse tout à la fois l'art contemporain, les arts et métiers traditionnels, le patrimoine. La cohabitation des disciplines n'est certes pas impossible dans une pensée originale qui crée les liens, ou qui accentue au contraire les dichotomies là où elles s'imposent, et structure une programmation qui joue l'éclectisme à fond.

Dans la réalité, trop d'activités dans les lieux artistiques en restent encore au stade d'une représentation qui frise la tautologie (une exposition en chevauchant une autre, peu différenciée) ou l'annulation (une exposition contredisant joyeusement la suivante dans son propos, mais sans conscience de l'effet). Les galeries municipales – les plus problématiques au Québec –, promptes à la récupération des artistes et des pratiques pour avancer des objectifs issus d'impératifs politiques et populistes, se servent de l'art plutôt qu'elles ne le servent, dans un projet immédiat et sans lendemain. Plusieurs institutions municipales européennes comme les *Kunsthalle*, ou même les galeries publiques ontariennes dans des villes de population moyenne, se risquent à proposer des événements originaux en contexte. Les galeries municipales au Québec demeurent prisonnières d'une fiction de la représentativité, de la satisfaction d'un public perçu comme un bloc monolithique, de l'intervention politique grossière. Elles servent souvent des fins extérieures au propos de l'art et leurs positions fluctuent par opportunisme :

> «Aussi l'État (la municipalité) entretient-il avec ses œuvres artistiques un rapport de possession, s'en servant parfois pour modeler son image... Cette culture dominante joue un rôle déterminant dans le paysage artistique d'une société dans la mesure où elle crée pour le profane des demi-dieux qu'elle a choisi de porter au pinacle, et dont l'activité et les œuvres, offertes en exemple comme étant l'essence même de l'art, lui servent de garantie. Donnés comme points de repère, ces créateurs deviennent des points d'ancrage essentiels à la société pour marquer le chemin accompli dans le domaine de l'art plus qu'ils ne permettent de sonder les voies de l'avenir »[2].

Le manque chronique de ressources humaines incite les institutions régionales à rechercher des hommes ou des femmes-orchestre qui sauront gérer plutôt qu'innover. Ces personnes consacrent plus de temps à cultiver leurs appuis dans la communauté, à justifier l'existence de l'institution et à faire du lobbying, qu'à tracer des voies inédites pour l'institution. Dans les centres d'exposition, la voie indiquée demeure celle d'une succession d'expositions individuelles, en alternance avec des expositions de groupe thématiques qui ajoutent une note de fantaisie. La faiblesse généralisée demeure l'absence d'un projet conceptuel et artistique apte à soutenir les possibilités de la discipline, et à développer par une démarche consistante des pistes approfondies de connaissance pour un public qui se forme sur plusieurs années. On peut imaginer, par exemple, comment un centre d'exposition approfondirait sur deux ou trois ans des problématiques qui ne sont pas thématiques mais interprétatives, changeant ainsi les habitudes de lecture linéaires et fragmentaires qui se développent avec la succession habituelle d'expositions dans un calendrier. Une transformation plus appréciable s'opérerait sans doute si l'institution dépassait les limites qu'elle s'impose avec la simple mise en galerie d'artefacts et leur interprétation au premier degré, si elle dépassait sa propre linéarité.

L'apparition de lieux-synthèse

Malgré la croissance appréciable d'une infrastructure pour les arts, il se pourrait que le modèle binaire du centre d'exposition/ musée et centre d'artistes soit à l'origine de nombreux cloisonnements dans le réseau même des institutions. Dans les années qui viennent, il faudra peut-être opter pour des lieux-synthèse qui feront un travail plus serré et plus audacieux dans leur domaine d'élection.

Le cas de la galerie Axe Néo-7 de Hull traduit les contradictions propres au contexte régional et les ouvertures possibles de l'institution qui cherche à servir les artistes et la pratique en art actuel en se redéfinissant malgré les contraintes externes et une situation ambivalente.

Centre d'artistes à l'origine et le demeurant, centre d'exposition pour des fins d'équité en matière de subventions régionales, affilié à un centre de production en vidéo et en photo qui partage l'espace, gestionnaire d'ateliers en location, Axe Néo-7 ne remplit plus exclusivement le mandat de soutenir de jeunes pratiques naissantes. Il s'avère que les galeries municipales accueillent maintenant plus facilement ces essais qui coïncident avec leur propre stade de développement institutionnel. Ce qui laisse le champ libre au centre d'effectuer un recentrement sur des pratiques d'artistes moins familières, mais qui ont atteint une maturité, et de penser à une formule qui ne soit pas, au départ, dictée par une exigence bureaucratique, mais artistique et philosophique.

La structure qui pourrait contourner, en région, l'éclectisme du centre d'exposition, la complaisance de la galerie municipale et l'autoréférentialité du centre d'artistes, serait peut-être le centre d'art contemporain. Ce centre fonctionnerait avec le mandat clair de pointer des pistes de réflexion à partir de manifestations d'art actuel qui pourraient s'étendre à la musique, à la danse, aux autres arts, sans avoir à fragmenter son action sur la base restrictive d'une représentativité absolue. Il devient urgent d'établir en région des lieux affirmés de réflexion et de diffusion de la chose contemporaine, et de les délester de l'obligation d'être tout pour tout le monde. Dans ce contexte, on entrevoit une reconfiguration intéressante de l'action muséologique : le centre d'art contemporain devient un lieu de production et de diffusion de l'art actuel en région, contextualisé par des rapports à l'échelle nationale et internationale. Il cultive la réflexion au cœur d'une culture en changement, problématique et ouverte. Par une action professionnelle de haut niveau, il développe une approche interactive pour cerner la sensibilité contemporaine dans toutes ses manifestations. La démarche n'est pas d'abord didactique, elle cherche plutôt à rendre lisibles des choix d'artistes et de société dans une continuité ou une discontinuité.

On a encore trop tendance à mesurer l'impact culturel dans les régions du Québec par le nombre des infrastructures. Or, malgré les importants développements de la dernière décennie, la perception des enjeux multiples représentés dans les arts n'a pas augmenté proportionnellement à tout l'appareil mis en place. L'encadrement muséologique est encore déficient, non pas toujours par manque de moyens techniques, mais par des lacunes dans la formation de base du personnel. On arrive encore à la gestion des arts visuels en provenance d'ailleurs et on traite la chose dans une optique administrative. L'éclectisme de nombreux centres s'explique par l'incapacité de plusieurs gestionnaires à se situer dans un paysage mouvant, où les choix d'institution sont esthétiques, critiques et politiques. Le nier, c'est se condamner à être insignifiant.

Pour favoriser le resserrement de l'activité muséologique en région, il faut parfois transgresser le consensus social et pointer les acquis qui ne peuvent plus être contournés lorsqu'un musée, un centre d'exposition ou une maison de la culture sont subventionnés. Le ministère des Affaires culturelles a là un rôle beaucoup plus incitatif à jouer en désignant la case départ, et en formulant des recommandations que son statut de bailleur de fonds consolide. Il faut élaborer des projets audacieux d'institutions qui misent autant sur l'ouverture à un propos actuel que sur leur propre capacité transformatrice. Si «la culture est l'un des rares domaines où l'offre suscite la demande»[3], il n'en tient qu'au monde de la culture de jouer à fond cette stratégie.

Marie-Jeanne Musiol a dirigé pendant sept ans une galerie d'art municipale dans l'Outaouais. Artiste de la photo, aussi active en écriture et en gestion des arts, elle interroge les structures institutionnelles qui encadrent la production artistique.

Notes

1. Jean Baudillard, *La transparence du Mal*, Paris, Galilée, p. 23.
2. Josette Féral, *La culture contre l'art*, Sainte-Foy, Presses de l'Université du Québec, p. 22.
3. Josette Féral, *op.cit*, p. 39.

DES MUSÉES POUR SE CONNAÎTRE
DES MUSÉES POUR SE FAIRE CONNAÎTRE

Paule Renaud
Muséologue
CULTURA bureau d'études inc., Montréal

Parmi les problématiques qui caractérisent la fin du XXe siècle, les questions identitaires sont au cœur des préoccupations sociales.

Qui sommes-nous? Où allons-nous?

On entend souvent que «les gens sont de plus en plus à la recherche de leurs racines». Certains expliquent la prolifération des petits musées par le désir ardent des individus d'en savoir plus sur eux-mêmes, sur leur histoire et sur leur environnement. D'autres en parlent comme une réaction à la dégradation des conditions de vie.

Plusieurs groupes sociaux sont sous-représentés dans nos institutions muséales et d'autres prétendent y être bien mal représentés. Plusieurs cultures n'ont pas encore trouvé leur place légitime au sein de nos musées. Ce réveil des particularismes est une caractéristique essentielle de notre société moderne.

Au seuil d'un siècle nouveau qui nécessitera des actions énergiques et décisives pour bâtir une société meilleure, le plus grand nombre de personnes doivent pouvoir exercer leur droit à l'identité. Le musée est une des institutions et non la moindre qui puisse le permettre. Ce n'est finalement qu'une question de démocratie comme le précise Alain Nicolas dans son article « L'avenir du musée, le musée de l'avenir »[1].

La notion d'identité culturelle

Avant de parler des musées identitaires, il convient de clarifier la notion sur laquelle se fondent ces institutions muséales. La notion d'identité culturelle fait référence « à l'ensemble des traits et éléments qui singularisent une culture donnée ». Elle renvoie « à la valeur symbolique d'attachement que ces résultats représentent chez ceux qui la constituent ».

Les spécialistes en anthropologie et sociologie définissent l'identité culturelle selon trois aspects distinctifs : une image de soi, un genre de vie et une vision du monde.

Une image de soi, en tant que collectivité, constituée par les représentations collectives se rapportant à l'ensemble des caractéristiques d'une ethnie.

Un genre de vie qui se déploie dans les rapports interpersonnels que les individus appartenant à une ethnie particulière entretiennent entre eux sur un territoire donné et dans les relations économiques, politiques et sociales avec l'extérieur.

Une vision du monde qui s'appuie tout autant sur une interprétation du vécu collectif que sur l'explication des projets se rapportant à l'avenir de la collectivité[2].

Dans l'identité culturelle, il y a aussi la notion de résistance, résistance à l'internationalisation, à la globalisation, à tout ce qui peut engendrer une perte d'autonomie, une perte d'identité.

Les critères d'identification et de différenciation

Dans l'élaboration d'une identité culturelle, le territoire est une des pièces maîtresses. Parce que l'aventure humaine est inscrite dans un temps et un espace, le territoire ne peut pas être perçu uniquement comme un espace géographique. Le territoire, c'est la totalité de l'environnement avec les humains et les interrelations qu'ils entretiennent entre eux. L'adaptation à un territoire favorise l'enracinement d'une population et qui dit enracinement, dit identité particulière plus forte.

La seconde pièce maîtresse de l'identité culturelle est sans aucun doute l'élaboration d'une histoire commune. L'histoire est le principal critère de différenciation d'une région à l'autre.

Outre ces dimensions spatio-temporelles, les éléments de l'univers symbolique se traduisent quant à eux par des vocabulaires particuliers, des accents toniques et des styles de communication. Les parlers régionaux sont donc aussi des facteurs identitaires.

Tous ces éléments se conjuguent pour former la conscience d'appartenance, un « nous » collectif bien circonscrit et distinctif. Les membres d'une collectivité amenés à « se serrer les coudes » sont en mesure de mieux prendre conscience de leur appartenance et d'affirmer leur identité.

Les premiers musées identitaires

Les premiers musées d'identité se sont appelés musées de folklore et de plein air dans les pays scandinaves. L'Allemagne les a nommés Heimatsmuseum et la France, maisons de pays. Ces musées de terroir ont décloisonné les institutions muséales et se sont efforcés de rendre compte de l'ensemble des relations entre nature et culture dans des perspectives spatio-temporelles. Ils sont aujourd'hui considérés comme les ancêtres des musées identitaires.

Aux État-Unis, les *Neighbourhood Museums* naissent au début des années soixante. Ils s'intéressent aux collectivités marginalisées, habituellement des minorités sociales vivant dans des ghettos, pour les doter d'instruments de développement culturel et de « thérapeutique sociale ». Pensons à l'exposition *The Rat: Man's Invited Affliction* à l'Anacostia Museum, le plus réputé des musées de voisinage, conçue pour débarrasser le quartier de ce fléau urbain.

Dans les années soixante-dix, le mouvement de contestation du musée a ouvert les portes à la démocratisation et à la décentralisation des institutions muséales. La notion de patrimoine s'est élargie considérablement prenant en considération tous les patrimoines, qu'ils soient architectural, culturel, industriel, naturel...

La recherche de nouvelles formules muséales est encouragée par l'UNESCO et le Conseil international des musées (ICOM). La Table ronde sur les musées d'Amérique latine à Santiago du Chili, en 1972, est décisive. La mission sociale du musée est confirmée et donne naissance à une nouvelle génération de musées qui s'appellent aujourd'hui selon les pays : musée local, musée communautaire, musée territoire, musée de voisinage, musée intégral, musée global, écomusée.

Tous ces nouveaux termes ont en commun la recherche et la diffusion de l'identité. Malgré des différences de forme, de contenu ou de fonctionnement, ils engagent une population avec une référence explicite à son territoire. Ils se situent au niveau de l'affirmation de son identité culturelle et du raffermissement de son sentiment d'appartenance.

Bien sûr, d'autres musées prennent aussi en considération les questions identitaires mais, pour notre propos, nous nous concentrons sur les musées qui accordent une place majeure à la dialectique homme/milieu et qui fondent leur fonctionnement sur la participation de la population locale.

Les musées identitaires n'originent pas tous d'une collection comme la plupart des musées classiques. Plusieurs se développent dans des régions marginalisées, souvent aux prises avec des transformations majeures qui affectent les conditions de vie. Le désir de valorisation d'une identité est alors le point de départ de la démarche muséologique. Le rôle de ces institutions muséales est de faire accéder une population à une meilleure connaissance d'elle-même et de ses conditions d'existence.

Comment sont conçus ces équipements aptes à répondre aux besoins des collectivités locales et à les inciter à rechercher des solutions à leurs problèmes actuels ?

Comme les musées classiques, ils ont pour point de départ le patrimoine et privilégient les fonctions de conservation, de mise en valeur, d'éducation et d'animation. Ils cherchent toujours à devenir et à être des équipements souples et polyvalents, adaptés aux attentes et aux besoins des communautés qu'ils desservent.

Les assises fondamentales de ces institutions sont le territoire, le patrimoine collectif et la participation de la population.

Le territoire remplace le bâtiment muséal. C'est la totalité de l'espace géographique que les membres de la communauté considèrent comme leur territoire propre, où ils se reconnaissent comme faisant partie d'un tout. L'appropriation du territoire passe par le marquage de la zone d'occupation. Le *Collectif des treize villages* de l'Écomusée de la Haute-Beauce avec ses treize présentations en plein air était un geste marqueur, tout comme le fut l'appellation même du territoire en Haute-Beauce.

Le patrimoine collectif remplace la collection. C'est le patrimoine au sens large, le patrimoine de tous les jours, un patrimoine souvent modeste mais riche de références sur le vécu de la population. Préoccupée davantage par la sauvegarde des savoir-faire que par la muséification des objets, la mémoire collective est le patrimoine premier.

La population remplace en quelque sorte le public. Les citoyens ne sont pas considérés comme visiteurs mais comme participants privilégiés. Les individus de la communauté tout entière sont appelés à la prise en charge des activités. Des forces vives émergent, des solidarités nouvelles se créent, la cohésion sociale s'affirme.

Ce travail muséal se caractérise par une approche interdisciplinaire où l'être humain, situé dans son environnement naturel, culturel et social, est compris dans sa multiplicité. Les barrières disciplinaires se brisent au profit d'une démarche collective et globale qui vise à donner aux populations usagères les moyens de s'approprier le territoire. Comme le dit Max Querrien, dans *Pour une nouvelle politique du patrimoine*: «Il faut y voir une vocation à révéler, dans sa globalité, l'ensemble des pratiques, des savoir-faire, des luttes, des subjectivités et des références socio-culturelles qui caractérisent une population »[3].

Les formes d'expressions choisissent surtout le média exposition pour présenter le milieu dans ses conditions physiques, sociales et économiques. Georges-Henri Rivière évoque dans sa définition évolutive de l'écomusée:

> «Un miroir où cette population se regarde, pour s'y reconnaître, où elle recherche l'explication du territoire où elle est attachée, jointe à celle des populations qui l'ont précédée, dans la discontinuité ou la continuité des générations. Un miroir que cette population tend à ses hôtes, pour s'en faire comprendre, dans le respect de son travail, de ses comportements, de son intimité »[4].

C'est ce double miroir qui restitue la vie et exprime l'identité territoriale. Les connaissances acquises par la communauté sur sa culture, son histoire et son milieu renforcent son sentiment de sécurité. Elles rendent possible le contrôle de diverses situations par rapport à divers problèmes et crises.

Les modes de fonctionnement empruntent à l'animation culturelle et à la pédagogie. La prise en charge des activités par la population locale lui confère une responsabilité et modifie la relation spécialiste/non-spécialiste en rapports égalitaires et respectueux.

Toute une gamme de musées et d'institutions analogues répondent dans une certaine mesure aux principes énoncés. Ces institutions muséales varient d'un lieu à l'autre et se font écho d'un bout à l'autre des cinq continents.

Quelques exemples bien québécois

Les écomusées

Les écomusées se sont implantés au Québec grâce à l'initiative des Hauts-Beaucerons. Ces nouveaux musées sont aujourd'hui enracinés autant en milieu rural qu'en milieu urbain. L'Écomusée de la Haute-Beauce et la Maison du Fier Monde sont considérés comme les deux grands chantiers expérimentaux de l'écomuséologie au Québec.

L'Écomusée de la Maison du Fier Monde dans le quartier Centre-Sud de Montréal est issu de coopératives d'habitation des années soixante-dix. Il axe aujourd'hui son travail et sa thématique sur l'histoire de l'industrialisation et des travailleurs. Il s'engage constamment dans des revendications pour l'amélioration de la qualité de vie et de l'environnement de ce quartier ouvrier de Montréal.

Parmi ses réalisations, soulignons la publication du manuel *Exposer son histoire* basé sur l'expérience suédoise « Creuser là où on est ». Cet outil d'histoire populaire, utilisé par plusieurs groupes populaires, a permis à la Maison du Fier Monde de développer un savoir-faire dans le domaine des expositions itinérantes et dans la production d'outils destinés aux organismes communautaires. Avec *Hors Circuit,* cet écomusée propose un ensemble d'expositions itinérantes à des groupes divers.

L'Écomusée de la Haute-Beauce est né du désir d'un groupe de citoyens de sauvegarder une collection importante du patrimoine régional. La collection Napoléon Bolduc a été le prétexte pour doter cette région marginalisée d'un outil culturel à sa mesure.

Cheminant graduellement vers l'appropriation du territoire et de son interprétation, vers la recherche de la mémoire collective et vers la créativité populaire, l'Écomusée de la Haute-Beauce est souvent cité comme une entreprise écomuséale très avancée.

La Haute-Beauce compte plusieurs acquis avec ses immobilisations dont le presbytère de Saint-Évariste, la Maison du Granit au Lac Drolet et les présentations en plein air ; avec ses ressources humaines expérimentant des méthodes autogestionnaires et avec le Centre international de formation écomuséale (CIFE).

L'Écomusée de la Haute-Beauce dépasse aujourd'hui l'identification patrimoniale. Engagé dans des actions écologiques et environnementales, il fait aussi intervenir la création artistique et l'expérimentation sociale tout en tenant compte des dimensions économiques de son territoire et de sa population.

Les maisons de transmission culturelle

En exergue à un article sur les Amérindiens et les expositions à leur sujet, Michael M. Ames écrit :

> «Voyant s'épuiser leurs ressources naturelles, les peuples amérindiens [...] demandent aux anthropologues et aux autres spécialistes de leur rendre leur propre histoire, afin d'exercer eux-mêmes plus de contrôle sur la manière dont leur culture est représentée à leurs yeux et à ceux des autres »[5].

Les cultures autochtones ne sont pas en voie de disparition. La construction de maisons de transmission culturelle dans les villages du Nunavik montre bien la volonté chez les Inuit de reprendre en main leur destin. La reconnaissance et la survivance de leur culture sont les forces vitales des peuples autochtones.

Les associations et regroupements

Nous ne pouvons taire l'action des associations et regroupements qui, dans leurs efforts d'organisation, cherchent la reconnaissance de pratiques et de principes communs.

Le Mouvement international pour une nouvelle muséologie (MINOM) est un organisme affilié au Conseil international des musées (ICOM). Le MINOM, fondé en 1984 au Québec, se veut le creuset pour la conscience collective d'une appartenance commune. Ainsi son Regroupement nord-américain entretient des liens étroits avec les États-Unis et le Mexique.

La Société pour l'éducation et la muséologie en milieu autochtone (SEMMA), née en 1986, est une organisation autochtone préoccupée par les questions de muséalisation, de mise en valeur du patrimoine et de transmission culturelle. Sa première réalisation est la mise sur pied d'un programme de formation en animation culturelle et muséologique qui s'adresse exclusivement aux autochtones appelés à répondre aux besoins de leurs communautés en matière de développement culturel.

Le dernier-né, le Groupe d'intérêt spécialisé Musées communautaires et nouvelles muséologies (GIS - MCNM) œuvre au sein de la Société des musées québécois (SMQ) depuis 1990. Sa première réalisation concrète est la production pour la revue *Musées* d'un numéro thématique « Bilan de la nouvelle muséologie » qui fait la preuve de la vitalité de ce mouvement au Québec.

Ces exemples sont résolument inscrits dans le mouvement de nouvelle muséologie qui se dessine à l'échelle mondiale. Ils suivent la trace de la Table Ronde de Santiago du Chili en 1972 et sont des réponses originales où le Québec exerce un rôle de premier plan.

Questionnement sur le musée d'identité

Nos propos sur le musée d'identité supposent donc que la population a besoin de se connaître et de faire connaître. Mais de quelle identité s'agit-il ?

Reprenons les interrogations de François Hubert sur le musée d'identité :

> « Le musée d'identité doit-il simplement donner des choses à voir qui flattent l'image de sa propre identité ?
>
> Doit-il au contraire reconstruire l'objectivité de la relation à sa culture [...] à travers par exemple la grille de lecture du discours didactique ? »

Derrière ces interrogations se cache la mission fondamentale du musée. Le musée d'identité ne doit pas être qu'un « producteur d'images » flatteuses et se limiter à un rôle passéiste et sacralisant. Le musée d'identité doit être tourné vers l'avenir ; il doit être conçu pour analyser et comprendre les changements et transformations que subit notre société.

> « Le musée ainsi conçu n'est pas passéiste puisque, en expliquant les modes de vie et les évolutions, il se donne une fonction éminemment sociale : permettre à chacun de prendre conscience qu'il n'est pas un spectateur du passé mais qu'à travers ses choix et ses modes de vie il joue un rôle dans l'histoire et participe à la création d'un patrimoine. Loin de flatter les tendances régressives, le musée d'identité ouvre la porte à la responsabilité »[6].

Certains reprochent à ces institutions muséales de nier les principes sacro-saints de la muséologie. Pourtant ces musées font appel à toutes les fonctions traditionnelles (collecte, conservation, recherche, restitution, diffusion et création). Amener une population à s'intéresser à sa culture et à sa région, c'est lui donner une conscience nouvelle de son patrimoine pour mieux comprendre le présent et renforcer le sentiment d'une histoire et d'une identité collective.

Certaines des initiatives de ces musées sont perçues comme subversives parce que la fonction sociale dépasse l'action culturelle et que le rapport spécialiste/non-spécialiste est aboli.

Certains objectent que ce n'est pas de la muséologie, mais du travail social. John R. Kinard répond de la façon suivante à cette objection :

> « On peut répondre en tout cas si l'on considère le fait que les musées, à l'instar des grandes institutions du public, sont aussi soumis à l'influence des stimulants extérieurs et des changements sociaux, ils ont à la fois la possibilité et le devoir d'élargir et de modifier la conscience que nous avons de nous-mêmes ainsi que la qualité de nos échanges sociaux et culturels. Ils peuvent inspirer et cristalliser nos rêves et l'espoir d'un avenir meilleur »[7].

Notre questionnement sur le musée d'identité pose les principales interrogations de la nouvelle muséologie. La nouvelle muséologie est-elle toujours active ? La nouvelle muséologie est-elle déjà vieille ?

Nous prendrons ici l'exemple des écomusées puisqu'ils sont enracinés au Québec, associés à la problématique de la nouvelle muséologie et différents de leurs cousins français.

Les premiers écomusées sont nés en France dans les parcs naturels et ensuite dans les régions industrielles et urbaines. Aujourd'hui on compte une trentaine d'écomusées français réunis en association et relevant du ministère de la Culture et de la Communication.

À l'origine, les écomusées du Québec ont eu comme modèle l'écomusée français. La conjoncture québécoise de l'époque avec la «Politique québécoise de développement culturel» et les orientations vers la démocratisation et la décentralisation auxquelles se greffaient des volontés pour des prises en charge en matière d'aménagement et d'urbanisme ont favorisé l'émergence de l'écomuséologie au Québec.

Les écomusées québécois procèdent de la même démarche que les écomusées français. Liés au territoire et au patrimoine pour des fins de développement global, ils se sont adaptés au contexte québécois, à ses conditions géographiques et socio-économiques. Ils ont retenu les traditions québécoises d'animation et d'éducation populaire laissées par la lignée des Opérations de lutte de survie des populations régionales marginalisées, appelées communément Opérations-Dignité.

L'écomusée québécois est d'essence communautaire et un lien direct peut être tracé avec la définition de l'écomusée communautaire donnée par Hugues de Varine dans la Gazette de l'Association des musées canadiens en 1978.

«L'écomusée, dans sa variété communautaire, c'est d'abord une communauté et un objectif : le développement de cette communauté. C'est ensuite une pédagogie globale s'appuyant sur un patrimoine et sur des acteurs, appartenant tous deux à cette communauté. C'est enfin un modèle d'organisation coopérative en vue du développement et un processus critique d'évaluation et de correction continue»[8].

Appuyée sur des territoires d'appartenance, l'expérience québécoise n'est pas soumise à la rigueur organisationnelle des trois comités (scientifique, gestionnaire, usager). Son système de gestion est souple et moderne avec la participation intégrée des comités locaux et l'engagement de la population est réel.

Les écomusées québécois, après une tentative de regroupement, sont libres des contraintes institutionnelles. Seul l'Écomusée de la Haute-Beauce est accrédité par le ministère des Affaires culturelles.

Après dix années d'expérimentation en sol québécois, l'écomuséologie est toujours à la quête de perspectives nouvelles ce qui confirme qu'elle ne peut être enfermée dans une définition rigide ou dans un moule. L'écomusée est un objectif à atteindre, il peut arriver que l'embarcation tangue.

Les deux tendances française et québécoise sont comme deux rivières. À long terme seront-elles parallèles et divergentes ? En ce sens, la nouvelle muséologie a mûri et ne fait plus de vagues. Son apport est salutaire dans la mesure où elle engage l'avenir de la communauté jusqu'à l'avenir de l'humanité.

La nouvelle muséologie continue de faire son chemin et continuera de s'ouvrir à de nouvelles possibilités. Si le développement se fonde sur l'amélioration de la qualité de vie obtenue par l'affirmation de l'identité culturelle, le musée de l'avenir est un enjeu de civilisation.

Paule Renaud, muséologue de CULTURA bureau d'études inc., à Montréal, est vice-présidente du Regroupement nord-américain du Mouvement international pour une nouvelle muséologie (MINOM) affilié à l'ICOM. Elle est aussi présidente du Groupe d'intérêt spécialisé Musées communautaires, nouvelles muséologies de la Société des musées québécois.

Notes

1. Alain Nicolas, « L'avenir du musée, le musée de l'avenir », *Temps perdu, temps retrouvé*, Neufchâtel, 1985, p. 155.

2. Marc-Adélard Tremblay, *L'identité québécoise en péril*, Sainte-Foy, Les Éditions Saint-Yves inc., 1983, p. 32.

3. Max Querrien, *Pour une nouvelle politique du patrimoine*, Paris, La Documentation française, 1983, 138 p.

4. Georges-Henri Rivière, *Définition évolutive de l'écomusée*, 1980.

5. Michael M. Ames, « Libérer les Amérindiens de leur destin ethnologique : L'apparition du point de vue des Amérindiens dans les expositions à leur sujet », *Muse*, vol. V, n° 2, juillet 1987, p. 20.

---

6. François Hubert, «Réflexions à partir du musée d'identité», *Tables rondes du 1er Salon de la muséologie,* M.N.E.S., 1988, p. 9-10.

7. John. R. Kinard, «Le musée de voisinage», catalyseur de l'évolution sociale, *Museum,* n° 148, 1985, p. 221.

8. Hugues de Varine, «L'écomusée», *Gazette,* vol. 11, n° 2, 1978, p. 31.

LES DON QUICHOTTE
DE LA MÉMOIRE-VEILLEUSE
L'INCESSANTE QUÊTE DE SENS

Annette Viel
Muséologue
Service canadien des parcs

« Rêver d'un impossible rêve… » : un musée vivant et vibrant

Musées d'hier - Musées d'aujourd'hui

Les lieux du Service canadien des parcs, des parcours et des gens

Des musées, lieux vivants de la mémoire prospective

« Rêver d'un impossible rêve... »
Un musée vivant et vibrant

> « Tenter sans force et sans armure d'atteindre
> l'inaccessible étoile...
> Telle est ma quête
> Suivre l'étoile
> Peu m'importe mes chances
> Peu m'importe le temps ou ma désespérance...
> Et puis lutter toujours...
> Je ne sais si je serai ce héros
> Mais mon cœur serait tranquille
> Et les villes s'éclabousseraient de bleu
> Parce qu'un malheureux brûle encore
> Bien qu'ayant tout brûlé
> Brûle encore
> Même trop, même mal
> *Pour atteindre l'inaccessible étoile* »[1]

« Telle est ma quête »

L'inaccessible étoile des muséologues ne brillerait-t-elle pas du côté d'un musée à la fois vivant et vibrant ? Un musée représentatif autant de la collection dont il devient le fidèle dépositaire, de la mémoire dont il témoigne, de la quête du sens qui s'y rattache que du public à qui il est redevable. Et ce, peu importe la nature de l'institution muséale qui, de nos jours, n'a de cesse de se multiplier en vocations multiples, voire de s'éclater à l'échelle planétaire.

Car est-il besoin de rappeler que depuis 1968, l'ICOM reconnaît dans son sacro-saint les parcs naturels et historiques, les jardins botaniques, les aquariums, les vivariums, les centres d'interprétation, etc. – bref, tout lieu qui prend en charge les traces patrimoniales. C'est ainsi que bien qu'ayant été créé en 1885, le Service canadien des parcs ne vibre au diapason de la muséologie que depuis les dernières décennies. Sa vocation première est de :

> « Sauvegarder à jamais les endroits qui constituent d'importants exemples du patrimoine naturel et culturel du Canada et de favoriser chez le public la connaissance, l'appréciation et la jouissance de ce patrimoine de manière à le léguer intact aux générations futures. »

Notre réflexion tente de saisir la route muséale parc-canadienne parcourue à la lueur des impératifs de la muséologie et de la philosophie qui l'a vue naître. Une route parsemée d'expériences diverses enracinées au cœur d'une mise en valeur du patrimoine, répandue sur l'ensemble du territoire du pays. Un cheminement qui, à la fin du second millénaire, retrouve toute la force émanante du *lieu* qui, pour le Service canadien des parcs, constitue l'*objet muséal* collectionné, conservé, médiatisé et pour lequel des recherches sont effectuées. Lieux, *objets de la mémoire-veilleuse*, pris en charge par les Don Quichotte de la muséologie qui tentent d'en capter le sens afin que des parcelles de celui-ci parviennent à entretenir la continuité.

Don Quichotte et l'éternelle quête de sens

Don Quichotte, héros né de la plume de Cervantès, se battait contre des géants sortis, dit-on, de son imagination et qui, au moment où il s'apprêtait à les affronter, se transformaient en moulins à vent. Les muséologues doivent en permanence trouver le sens des traces d'un peuple et de son histoire, d'un monde nature ou culture et de son évolution. Ils ont à affronter le moulin des temps immémoriaux, le conquérir, l'investir de sens et le mettre au vent pour qu'il fonctionne. Qu'il active la mémoire dont il est porteur et qu'il permette à ses utilisateurs de mieux veiller au grain.

C'est l'éternelle quête de la **mémoire-veilleuse**. Mémoire : pour se souvenir, pour ne pas oublier. Veilleuse : pour ne pas gommer l'inoubliable, pour éclairer aujourd'hui, pour déjà s'enraciner dans demain.

En faisant appel à ce héros romanesque, nous n'avons pas voulu rapprocher les muséologues de ceux qui partent en guerre inutilement. Nous avons davantage tenté d'illustrer la quête incessante à laquelle ils se rallient et ce, nonobstant les époques auxquelles ils appartiennent. Une recherche spirituelle élaborée à partir de l'objet matériel. De la trace ! Une quête de l'esprit, du souffle qui anime l'objet collectionné, lui donnant ainsi accès à la pérennité dont le musée se fait le véritable gardien, veilleur de la continuité.

Incessante quête du savoir, de la connaissance qui questionne les choix d'objets avec la même insistance que les parti pris de la médiatisation. Conservation et mise en valeur ne se retrouvent-elles pas souvent, à tour de rôle, au banc des accusés dépendamment des avenues d'orientation qui y sont jugées ? Quelle fonction muséale doit-on privilégier ? De quelle logique relève l'institution : logique symbolique ou logique économique ? Comment aujourd'hui parvenir à bien équilibrer les fonctions du musée où le public constitue maintenant le premier des partenaires privilégiés ?

Une quête marquée de l'éphémère des savoirs

Les défis que les muséologues tentent de relever sont de taille. Une bonne partie de ces défis résident à l'enseigne de l'univers de la connaissance. Et de nos jours, qui dit connaissance, dit révolution quasi permanente des savoirs. Des savoirs qui, dès qu'ils sont à peine appropriés, sont déjà supplantés par d'autres découvertes. Le muséologue doit donc être en mesure de jongler avec les savoirs, si éphémères fussent-ils. Sa tâche doit viser une juste appropriation entre le propos scientifique qui élucide le mystère d'hier et celui de demain qui demeure encore enveloppé de son aura mystérieuse. Le muséologue se tient à la frontière, « [...] celle qui sépare ce qui peut être connu de ce qui ne le sera jamais parce qu'il s'agit d'une énigme qui transcende toutes les recherches humaines. La source de vie ».[2]

Car l'objet, qu'il soit artefact, lieu, œuvre d'art et même plus récemment idée ou nature, n'accède au statut muséal que parce qu'il est porteur de sens, véritable parcelle de vie. Dès lors, il devient dépositaire des traces jugées par ses contemporains comme significatives, « les témoins matériels de l'homme et de son environnement » tel que défini par l'ICOM.

La responsabilité de la conservation, de la recherche, de la collection et de la diffusion s'érige ainsi en primauté en regard de la continuité. Les fonctions muséales ont gardé leurs assises premières. Ce qui est questionné de nos jours lorgne davantage du côté du sens même de ces assises que de leur justification. Les catégories muséales prolifèrent à un rythme effarant. La *muséification* va bon train et entraîne indéniablement le questionnement des limites muséales vers un champ d'expertise qui appelle au renouvellement de la philosophie de base de cette science.

Ainsi, malgré le fait que l'objet-mémoire se doit d'être représentatif de la collectivité dont il devient le porte-étendard, peut-on parler de lui comme d'un choix objectif ? Quel type de muséologie sommes-nous en train de bâtir ? Quelle mémoire y inscrit-on ? Quel vent choisit-on pour activer le moulin de la mémoire ?

> « Peut-on imaginer un temps où l'homme ayant retrouvé toute la mémoire des siens n'aura plus besoin des musées ? Ce temps s'il doit venir n'est pas encore venu. [...] À chaque acquisition le Musée se construit mais selon quelle architecture et pour quels usages ? »[3]

Au Service canadien des parcs, c'est d'une architecture enracinée dans le territoire dont il est question. D'un vent naissant de l'objet dont il est le veilleur, le gardien-diffuseur : le lieu.

Le Service canadien des parcs, au cœur de la quête muséale

Le Service canadien des parcs œuvre au pays depuis plus de cent ans. Au Québec, suite à la décentralisation qui prit forme en 1970, plus d'une vingtaine de parcs et lieux prirent la voie muséale et ce, en autant d'années. Années prospères en expériences diversifiées qui enrichirent l'histoire de la muséologie québécoise. En effet, puisque le lieu détenait avant tout le statut d'objet, ceci permit de mieux questionner l'approche traditionnelle du champ muséal. L'artefact devint davantage démonstratif, servant d'abord le discours de la médiatisation en s'appuyant sur une approche thématique. La muséologie d'idées prenait alors racine au cœur du territoire ![4]

Fidèle à la tradition de l'interprétation définie aux États-Unis par Freeman Tilden, la méthodologie de mise en valeur prônée par le Service canadien des parcs prend en considération les réalités du lieu, tente de composer avec elles et de créer pour les visiteurs une expérience significative. Ainsi, tout en étant marqué par un processus éprouvé de mise en valeur, chaque lieu n'en conserve pas moins la personnalité qui le caractérise et demeure, qui plus est, fortement teinté de l'approche privilégiée par ses concepteurs et ce, qu'ils soient à l'intérieur des services institutionnels ou venus du secteur privé. Le lieu possède donc une signature qui lui est propre tout en demeurant inscrit à l'intérieur d'un réseau unifié qui couvre l'ensemble du territoire.

Car le lieu oblige une appropriation et une diffusion différentes des savoirs. En effet, en raison du fait qu'il enracine sa représentativité au cœur du territoire, le lieu muséal ne peut être mis en valeur à la manière de tout autre objet de musée.

L'heure écologique qui caractérise la fin du XXe siècle, a entraîné une interaction des différentes disciplines et a forcément permis de les conjuguer avec les actuelles préoccupations environnementales.

Par le lieu-objet, le rituel de transmission des savoirs s'est risqué à faire le pont entre le tangible et l'intangible, entre le visible et l'invisible, entre la mémoire enracinée dans la trace et l'histoire que nous en connaissons. Un rituel qui vise à ce que toute expérience muséologique parvienne à **amener le visiteur à s'extraire du temps consommé pour s'inscrire dans le temps continuité.**

Une quête au service des bénéficiaires des lieux

La quête des savoirs, du propos muséal ne représente pas l'unique préoccupation des muséologues. Ce n'est pas tout de déterminer le « quoi », encore faut-il apprendre à connaître et surtout à toucher ceux et celles à qui on veut communiquer ces savoirs. Et comment peut-on prétendre atteindre les clientèles muséales sans se doter d'outils pour mieux les connaître ? Aucun des sites parc-canadiens n'est mis en valeur sans que ne soient effectuées des études de clientèles. Les plus anciennes étaient davantage quantitatives que qualitatives. Mais tout comme les autres disciplines, celles qui permettent d'obtenir des données sur les publics actuels et potentiels ont évolué allant jusqu'à insérer l'évaluation formative et sommative afin que la mise en valeur serve davantage celui à laquelle elle se destine : le public.

Parmi les outils disponibles se trouve, entre autres, l'identification des tendances sociétales qui renseignent sur les valeurs tant actuelles que prospectives. Une récente étude exprimait ainsi certaines des tendances de l'heure :

> « Devant ces incertitudes économiques et sociales, les gens expriment une recherche d'identité et de leurs forces

personnelles, comme pour mettre en valeur quels atouts sur lesquels ils peuvent s'appuyer pour traverser la crise actuelle. [...] Une quête de spiritualité progresse comme associée à ce mouvement sur le sens de la vie et surtout un besoin de mettre un sens nouveau sur ces difficultés émerge ».[5]

Les lieux sont donc là non seulement pour signifier leur représentativité, mais aussi pour offrir une expérience globale qui permette la rencontre de l'esprit qui les habite, de l'objet de connaissance dont ils sont les porteurs ainsi que de la matière à réflexion qu'ils génèrent. La connaissance du public favorise une meilleure appropriation de l'objet-lieu. La rencontre de ces trois pôles engendre une expérience à la fois émotive, cognitive, sensitive ; une expérience vécue à travers de multiples activités qui sont offertes aux différentes catégories de visiteurs.[6]

Selon sa vocation, le lieu générera des expériences qui lui sont propres : visites d'expositions et de bâtiments anciens, animation, contemplation, participation théâtrale, canotage, causeries, cyclisme, randonnées pédestres, croisières en bateau, activités plein air, etc. Récréologie et muséologie s'y retrouvent intégrées de manière à offrir une expérience du lieu qui soit diversifiée et personnalisée.

Cette manière d'équilibrer les savoirs retrouve aujourd'hui une préséance grâce, notamment, au chemin muséal parcouru depuis les temples grecs, les mouseîons, les muséums et, bien entendu, les institutions plus près de nous, les musées. La polysémie de l'objet a maintenant droit à l'existence !

Musées d'hier-Musées d'aujourd'hui

Le mouseîon, lieu créateur de savoir inspiré par les Muses

L'idée de constituer des collections publiques d'objets d'art prend racine dans l'Antiquité grecque classique. C'est du moins là qu'on y retrouve la trace des premiers inventaires de ces objets conservés. Le temple, lieu sacré où s'effectue l'union avec le spirituel, devient donc aussi le lieu de conservation des objets qui président au rituel de la cérémonie. Le **mouseîon**[7] représentait autre chose que le lieu où l'on conservait les œuvres ou objets du culte. Le « nom s'applique à des sanctuaires voués aux muses, à des écoles philosophiques, ou encore à des institutions d'enseignement supérieur ou de recherche scientifique, auxquelles présidaient tout naturellement les muses. C'est le cas du fameux *Mouseîon* d'Alexandrie, fondé par Ptolémée Sôter »[8].

L'UNESCO parraine actuellement la réhabilitation de la Nouvelle Bibliothèque d'Alexandrie. Cent vingt millions de dollars fournis par différents pays afin de permettre à l'esprit du lieu, véritable racine muséale, de traverser le temps et de s'ancrer dans le troisième millénaire. Un nouveau bâtiment, fruit d'un concours international d'architecture, fera renaître de ses cendres celui qui, par trois fois, fut détruit par les flammes. Un lieu inspiré qui tente par la création du savoir mis en place de retracer la philosophie qui lui a donné naissance et de l'actualiser à la manière d'aujourd'hui, contribuant ainsi à « dissiper l'obscurité qui est à l'origine de nos mémoires »[9].

Le **mouseîon** représentait avant tout un **lieu de création et de recherche** à l'intérieur duquel savants et philosophes séjournaient afin de nourrir les savoirs. Comme à cette époque, la connaissance était conservée sur papier, il est normal que le mouseîon soit devenu bibliothèque. Aujourd'hui, les savoirs ne peuvent se conserver que par une multimédiatisation. Les musées d'aujourd'hui tenteraient-ils de retrouver ce flux créateur des savoirs ? Le retrouver, mais cette fois en y associant le partenaire essentiel au lieu : le public... L'histoire de la muséologie ne nous enseigne-t-elle pas que le peuple égyptien ne se reconnaissant pas dans le mouseîon d'Alexandrie, osa y allumer lui-même les flammes, le réduisant ainsi en cendres ?[10]

Les champs des savoirs muséaux
sur la voie écologique

Il faut attendre la fin du Moyen Âge, l'époque de Don Quichotte, pour voir apparaître les musées de la façon dont ils sont venus jusqu'à nous. Alors que le mot « musée » devient à l'usage le terme réservé aux institutions vouées à l'art et à l'histoire, le muséum, quant à lui, caractérise les lieux dont le propos est tourné vers les sciences.

Véritables laboratoires de recherche scientifique, les muséums servent avant tout à nourrir la science. C'est l'époque des grandes découvertes où l'on procède alors « à un inventaire descriptif et exploratoire des richesses du globe. Cet objectif scientifique est en concordance avec l'exposition-démonstration, exhaustive et souvent artistique des Cabinets de curiosités et d'histoire naturelle privés[…] »[11]

Au XVIIIe siècle, les musées et expositions perpétuent la tradition d'Alexandrie et épousent les conceptions scientifiques de l'heure. Par exemple, la classification du botaniste suédois Linné influence la présentation des savoirs. « Ce développement de la classification systématique introduit alors une nouvelle organisation des collections des musées et des jardins botaniques, où un ordonnancement rigoureux des objets succède à la poésie des Cabinets de curiosités. »[12]

Ainsi donc, dès leurs premiers balbutiements, les musées sont fortement marqués par les courants d'appropriation de la connaissance. Avec l'avènement de l'industrialisation, on verra peu à peu l'univers de la recherche scientifique s'éloigner de l'arène muséale. La recherche fondamentale se fera ailleurs et seule y demeurera présente une recherche destinée à nourrir la collection et les présentations publiques. Les réserves et les galeries d'expositions « […] perdent leur caractère de « galerie-bibliothèque » pour devenir de plus en plus des lieux de communication où est exposée une sélection d'objets issus des collections. »[13]

C'est au cours de cette même époque que fut créé en 1885, à Banff, le premier parc national du Canada qui, tout en conservant un patrimoine exceptionnel, permet à un public élargi d'accéder au lieu. Un siècle plus tard, parcs et musées se retrouvent dans les mêmes sphères d'activités, enrichis les uns des autres tout en gardant leur propre identité. Les limites muséales ont gagné le territoire et cette extension favorise un meilleur enracinement des traces.

À l'orée de l'an 2000, l'écologie influence incontestablement toute science et oblige à une vision intégrée des phénomènes étudiés. Thierry Gaudin dans son *Récit du prochain siècle* souligne cet apport. L'auteur note que l'« évolution de la prospective résulte d'une prise de conscience majeure qui a eu lieu pendant les années 1970. La terre est un espace limité, où l'on ne peut désormais agir en ignorant les conséquences indirectes de ses actes. D'où la montée de l'écologie [...] Tout le mouvement de critique de la science, [...] résulte de cette prise de conscience collective [...] »[14]

En effet, l'écologie ramène à une perception globalisante de l'homme et de son environnement. Science des plus contemporaines qui a vu le jour dans les années trente, elle prône l'étude des êtres vivants en interaction avec leur milieu. Il n'est donc pas étonnant de voir la muséologie repousser ses limites d'hier et tenter de donner au public une vision globalisante des propos qu'elle fait siens. Il en va là de sa crédibilité en regard de l'époque dont elle est porteuse de sens. Une époque où bien des hommes de sciences s'accordent pour dire que la zone frontalière entre l'appropriation des savoirs par la science ou par l'art rétrécit de plus en plus.

À l'aube du IIIe millénaire : la multiplicité muséale

Le musée constitue donc un lieu privilégié de transmission des savoirs où la science et l'art peuvent se rencontrer, favorisant ainsi une communication plus complète de ces savoirs. Le rituel de transmission n'a de cesse d'évoluer. Alors que les premières traces des connaissances transmises étaient inscrites sur des tables de pierre et que la Bibliothèque d'Alexandrie regorgeait de livres faits de papyrus, il convient aujourd'hui de parler d'une transmission multimédiatique.

Véritable prolifération, non seulement des propos, mais des lieux eux-mêmes, on peut se demander jusqu'où ira cette récente ambition qui consiste à vouloir tout muséifier pour ne pas laisser mourir ou plus simplement s'échapper de l'album des souvenirs, les objets réels ou virtuels porteurs de la mémoire. Il n'est pas surprenant d'ailleurs que le congrès 1992 de l'ICOM ait choisi comme thème à ses débats : «Le musée, y a-t-il des limites?»

Tout ce questionnement muséal ne peut que mieux nourrir le propos institutionnel et nous entraîner certainement vers une meilleure conscientisation des gestes à poser. Après tout, un musée n'a droit à l'existence que parce qu'il signifie les traces dont il est le dépositaire, que ces traces soient réelles ou virtuelles. Car elle est bel et bien là l'époque où les réserves deviennent accessibles par vidéodisque. Plusieurs musées en sont déjà dotés et, qui plus est, les visiteurs peuvent visionner depuis leur salon les collections auxquelles est greffée une panoplie des savoirs disponibles : disque compact oblige ! Quelle place le **lieu-objet** peut-il occuper dans un tel contexte ?

«Les lieux deviennent dès lors témoins de conscience et l'instrument par lequel chacun peut soit retrouver ses racines, soit se mettre en résonance avec le retour de mémoire et, tout citoyen qu'il est, se rendre conscient des empreintes de la nation en lui. Dans ces retrouvailles de mémoire, l'indispensable imaginaire rend manifeste une double réalité : celle d'une vivante mémoire collective et celle d'une thérapie d'appartenance. »[15]

Les lieux du Service canadien des parcs : des parcours et des gens

Une muséologie marquée par chaque lieu

Investi du courant écologique, le Service canadien des parcs a vu la mise en valeur de ses lieux se teinter de l'approche multidisciplinaire. Une approche amenant la création d'une pluralité d'expériences qui, au cours des dernières décennies, se risquèrent à favoriser un contact autonome du lieu. La mise en place d'une muséographie d'idées devint souvent prépondérante à une programmation personnalisée qui complétait l'expérience offerte.

Les lieux commandent forcément une approche enracinée dans l'espace circonscrit par le temps qui les a fait et continue de les faire. Les expériences de mise en valeur sont là pour en témoigner. Et force nous est de constater que ce n'est que grâce à chacune d'entre elles et à l'éclairage qu'elles projettent que l'actuelle mise en valeur vise de plus en plus un judicieux équilibre entre l'esprit du lieu, l'objet de connaissance et la matière à réflexion. L'humilité est d'ailleurs maintenant de mise car ce n'est que dans la mesure où l'on parvient à laisser parler la trace significative que l'expérience devient signifiante.

Les lieux ont donc évolué au fil d'une mise en valeur influencée par l'époque. Laissons donc quelques-uns des lieux qui composent le réseau du Service canadien des parcs nous livrer certains des jalons qui ont guidé leur sortie au grand jour et ce, à la lueur des impératifs d'une expérience aujourd'hui grandement enrichie de l'apport de chacun d'entre eux.

La boîte de Pandore : la redoute Dauphine

L'ingénieur français Boisberthelot de Beaucours entreprit la construction de la redoute Dauphine en 1712, au moment où le pays était en guerre. Le bâtiment ne fut jamais terminé puisque la paix revint en 1713, concrétisée par la signature du traité d'Utrecht et que des modifications furent apportées au tracé des fortifications reléguant la redoute au second plan. En 1748, la Dauphine fut convertie en caserne et vit par la suite sa vocation se promener dans les aléas des fonctions du site, servant même de prison et de maison de change.

Toute la mise en valeur porte donc l'ambiguïté de sa vocation première. L'objet de connaissance et la matière à réflexion ont dû affronter l'imprécision de sa véritable représentativité. L'esprit du lieu en porte l'empreinte. Pas étonnant alors de voir les visiteurs se sentir le plus à leur aise dans la salle du « labyrinthe » alors qu'ailleurs la clarté des messages livrés demeure teintée de l'ambiguïté qui suit le lieu depuis sa conception originelle et plus récemment de sa mise en valeur jusque dans sa restauration. D'ailleurs, le projet de médiatisation subit le même sort car, là encore, le programme initial ne fut jamais complété. Comment alors prétendre offrir une expérience significative du lieu ? Le lieu commande donc une nouvelle approche où l'usager aura fort à dire… La boîte de Pandore enseigne que l'ouverture au grand jour doit marier les genres avec les raisons d'être, sinon c'est le règne de la confusion…

La bataille de la Châteauguay : l'hypersymbolisme à l'œuvre

Le lieu est vrai. C'est là que Charles Michel de Salaberry devint un héros en empêchant les Américains d'envahir le Canada en ce 26 octobre 1813. Peu de traces marquantes subsistent de la bataille. Un bâtiment très contemporain y fut érigé et un parcours muséal permet aux visiteurs de revivre ce haut fait d'armes. Le parcours fut conçu à la manière dont est vécue l'expérience dans un temple, c'est-à-dire un parvis avec l'accueil, un déambulatoire et la salle de stimulation, une nef renfermant le musée et l'autel où se retrouvent le moment sublime et le récit de la bataille elle-même.

Le lieu parle autant de la bataille de la Châteauguay que du mythe du héros. À l'origine, une mosaïque composée d'images de différents héros constituait le premier contact qu'avaient les visiteurs avec les messages véhiculés par le lieu. Salaberry côtoyait Tintin, Goldorack, Hitler, Che Guevara… La murale ne survécut pas aux critiques de son temps… Il y a là de quoi chercher en chacun de nous ce que représente l'image héroïque, surtout lorsque la salle suivante invite à une réflexion sur les guerres à partir d'un jeu d'échecs. Sur un des murs de cette salle figurent des casques et bottes de soldats peints en blancs et fondus au mur. L'univers du héros affrontant le risque ultime : la mort. Le tout pour la postérité dont le thème clôture la salle-musée : une rue, une roulotte à patates, un hôtel, un village, une rivière, une école, un hôpital. Nommés Salaberry, ces lieux portent fidèlement le nom du héros dont les actes accomplis sont retenus et sédimentés ainsi dans la mémoire collective. Le concept reste avant-gardiste pour son époque ; la mise en forme teintée de l'hypersymbolisme du contenu a fortement marqué la muséologie d'idées, puisque c'est de cela dont il s'agit !

Saint-Jean-des-Piles et l'anti-exotisme

Le lieu sert d'introduction à la thématique du parc de la Mauricie : l'héritage laurentien. Les objectifs de mise en exposition visent avant tout à donner aux visiteurs un aperçu de ce qui les attend, leur permettant ainsi de se composer un programme d'activités à la mesure de leurs attentes et de ce qui caractérise ce territoire patrimonial dont la superficie couvre plus de 545 kilomètres carrés. La conception de la salle reposait sur l'idée de recréer une modeste parcelle évocatrice de l'atmosphère d'intimité qui caractérise si bien l'ensemble du parc.

Le moyen privilégié pour reproduire cette atmosphère fut d'utiliser un décor très théâtral afin de reproduire la forêt laurentienne avec ses arbres, ses cascades sans en oublier les premiers occupants. Mais le lieu extérieur enchante déjà trop pour accepter, juste à ses côtés, une copie « cartonnée » d'autant que ceux qui pourraient le faire vibrer sont avant tout des enthousiastes de la nature. Comment les convaincre de la validité d'un tel outil, eux qui sont imprégnés au quotidien du vrai ? La même salle aurait eu un succès certain en plein cœur de la ville ou même du village. Le moyen privilégié est probant dans son rendu. Il n'est tout simplement pas au bon lieu… La salle vit ses dernières heures puisqu'une nouvelle exposition prendra place en tentant d'intégrer l'esprit du lieu, l'objet de connaissance et la matière à réflexion.

Le vieil entrepôt fidèle à la mémoire du lieu

Le bâtiment de pierre a brûlé et seuls les murs d'origine subsistent. La réhabilitation s'est faite en toute simplicité, en ne recréant pas les volumes initiaux, mais en laissant la structure de la toiture apparente. Ainsi prit forme le parc historique national *Le commerce de la fourrure* à Lachine. La conception de la mise en valeur se fit en respectant la vocation première du lieu qui servait d'entrepôt de fourrures et de marchandises de traite. Qui plus est, la thématique dévolue au site collait avec justesse au rôle d'entreposage qui caractérisa l'histoire du commerce de la fourrure depuis ses premiers balbutiements sous la férule française jusqu'à son déclin au début du XIXe siècle. Voilà donc un lieu dont la mise en valeur allait de pair avec l'esprit qui y régnait.

La médiatisation bénéficia d'une étude de clientèles qui amena les concepteurs à intégrer les besoins des différentes catégories au sein même de la programmation muséale et de la mise en exposition. Le vieil entrepôt retrouva son atmosphère d'antan, mais cette fois, l'accumulation qu'on y trouve ne poursuit pas des fins commerciales mais traduit plutôt l'importante tranche d'histoire que représente le commerce de la fourrure. Le message y est simple. Plusieurs niveaux de lecture s'y côtoient aisément et ce, dans une atmosphère propice à la découverte. Esprit du lieu, objet de connaissance et matière à réflexion s'y présentent dans un doux équilibre qui incite à parcourir l'histoire qui y est racontée. Pas étonnant que des enfants aient demandé à s'y faire fêter...

La grande maison réactivée par la mémoire populaire

Le lieu historique national *Les forges du Saint-Maurice* offre aux visiteurs une variété de moyens de mise en valeur. Celle-ci permet de côtoyer à la fois la reconstitution traditionnelle personnifiée à la grande maison, les vestiges archéologiques qui jalonnent le lieu et une volumétrie expressive aux allures futuristes évoquant le haut-fourneau. Le concept initial prévoyait uniquement une mise en valeur faite de formes virtuelles dont les volumes traduisaient l'architecture d'origine. Le concept ne fut pas réalisé dans sa totalité car, lors des consultations publiques, la population se montra des plus réticentes à accepter une telle option. Le téléroman du même nom que le lieu avait déjà marqué la mémoire collective.

Ainsi naquit la grande maison telle qu'on la retrouve aujourd'hui. Sa volumétrie rappelle le bâtiment originel. Les traces des vestiges archéologiques y sont présentes et le visiteur peut percevoir que ce qu'il voit est une reconstruction dont l'occupation spatiale sert maintenant aux fonctions muséales. La médiatisation reflète un juste équilibre dans la présentation

151

des différents messages. L'objet original et l'objet reproduit y font un heureux mariage. Une maquette, animée par un montage son et lumière, rappelle la vocation de ce premier centre sidérurgique en Amérique et permet aux visiteurs d'avoir une vue globale de son histoire. Et la légende y côtoie l'histoire puisque c'est le diable en personne qui vient raconter cette journée du 20 août 1845...

Lennox et Grosse-Île, en quête du respect de l'esprit du lieu

Lennox et Grosse-Île, voilà des sites insulaires qui possèdent une unité de temps et d'espace. Dans le cas de Lennox, une histoire simple pendant laquelle ce lieu de défense connut davantage la paix que la guerre. Un lieu qui appelle au respect de son intégrité et commande une intervention davantage minimaliste. D'où l'option retenue lors des audiences publiques de l'automne 1991 : *l'île au temps suspendu* plutôt que *l'île aux trésors*. La première approche privilégiait l'animation personnalisée alors que la seconde ramenait au multimédiatique, répandu un peu partout dans l'île. Le public a préféré une option en apparence traditionnaliste, mais qui, en regard des actuelles préoccupations environnementales et la quête montante de spiritualité, ramène la mise en valeur à des interventions davantage personnalisées et dont les traces sont plus sobres. Le lieu conserve, dans son ensemble ses allures actuelles qui, somme toute, savent déjà retenir la ferveur de 45 000 visiteurs et ce, uniquement durant la saison estivale.

Quant à Grosse-Île, *l'île en mémoire* devient le thème de sa mise en valeur et tout comme pour Lennox, une approche minimaliste sera articulée, laissant le mystère qui émane du lieu venir jusqu'à nous. L'ère multimédiatique ramène le lieu à une intégrité en accord avec les réalités dont il est porteur. La récession économique commande une approche plus modeste qu'auparavant. Les investissements subissent une rationalisation dont l'aspect conservation demeure un impératif des plus prépondérants.

Une muséologie chronométrée aux enjeux de l'heure

Les derniers-nés du réseau ont bénéficié de l'expérience antérieure qui en appelle au respect de l'esprit du lieu. Alors que de plus en plus de musées voient le jour, les **lieux-objets** muséaux doivent être mis en valeur en accord avec la mémoire dont ils sont porteurs. Le public est là pour le rappeler. La rencontre lieu et usager se doit d'être significative. Les audiences publiques mises de l'avant par le Service canadien des parcs font partie intégrante du processus suivi. En effet, une fois les options de mise en valeur définies par l'équipe pluridisciplinaire, le projet doit obtenir l'aval du public avant que ne soit rédigée la version finale de chacun des plans directeurs. À cet égard, le cas des forges décrit plus haut demeure probant puisque les audiences publiques ont modifié le concept préconisé. Le public a maintenant voix au chapitre !

Et à l'heure des grands questionnements environne-mentaux, force nous est de constater que les lieux deviennent des symboles très actuels de la nécessité de privilégier la conservation du lieu-objet qui, dans l'intégrité écologique, joue un rôle bien plus important que celui de n'être uniquement que le représentant d'un patrimoine exceptionnel... Pas étonnant que le Service canadien des parcs appartienne au ministère de l'Environnement et que certains de ses parcs aient été créés d'une volonté publique que soit prise en considération la conservation de l'espace circonscrit. À titre d'exemple, citons le parc marin du Saguenay dont la naissance a été influencée par les pressions de groupes environnementaux qui voyaient là un moyen de sauver les bélugas menacés d'une éventuelle disparition.

Des musées, lieux vivants d'une mémoire prospective

Les lieux continuent de vivre et, chose étonnante, nous acceptons que la nature puisse les modifier. Il suffit de regarder les falaises de Forillon ou certains des monolithes de Mingan pour déjà admettre qu'aucun mécanisme de conservation ne pourra empêcher le lieu d'être marqué par le temps. L'être humain aussi marque le lieu. Les interventions muséales ne sont qu'une tranche de son histoire qui, au cours du prochain millénaire, deviendra peut-être tout autre. La **mémoire-veilleuse**, gardienne de la continuité, peut émerger de bien des manières...

Il est normal que, influencée par les actuels enjeux planétaires où la continuité de Gaïa s'érige au premier rang des préoccupations universelles, la muséologie soit devenue une pratique plus répandue, pratique où s'entremêlent la rentabilité économique et le désir de se souvenir et de prospecter pour mieux être. L'être humain se questionne et veut saisir quelle direction favorisera son enracinement dans des lieux sains et bien vivants. Pour ce faire, les objets de mémoire deviennent des repères essentiels.

Et si, par-delà la multiplicité muséale, symbole de la crainte que quelque chose parvienne à nous échapper, que nous ayons oublié... si, par-delà l'envie de ne pas nous éteindre, restait bien ancrée la vie... Certes, aujourd'hui menacée dans son intégrité mais omniprésente, comme pour mieux nous rappeler à l'ordre... Pour le muséologue s'y glisse l'inaccessible quête de sens où il s'évertue à donner à voir la parcelle de vie enracinée dans l'objet réel ou virtuel, l'**objet-mémoire**. Donner à voir afin de stimuler l'«entracinement»![16]

> *Donner à voir en aimant!*
> «Sans amour... sans amour
> Sans amour à donner
> Sans amour... sans amour

Qu'est-ce que vivre veut dire ?
Sans amour… sans amour
J'ai le vide au cœur
Le vide au corps
Sans amour… sans amour
À quoi me sert ?
Sans amour… sans amour
De vivre encore ?
Sans amour… sans amour »[17]

Un dernier mot !

Notre profonde gratitude va à Lise Cyr et Pierre Lessard qui, non seulement ont apporté un regard critique à notre propos, mais l'ont grandement enrichi de leur réflexion. Qu'ils en soient remerciés !

Annette Viel est chargée de projets au Service des parcs d'Environnement Canada. Elle est diplômée en histoire de l'art, spécialisée en art contemporain, architecture et muséologie. Elle travaille présentement comme responsable et conseillère pour le ministère de l'Environnement du Canada pour la mise en valeur de la Biosphère (île Sainte-Hélène), à Montréal. Mme Viel a publié plusieurs articles en muséologie.

Notes

1. Jacques Brel, « La quête », extrait de *L'Homme de la Mancha*.

2. Joseph Campbell, *La puissance du mythe*, coll. J'ai lu, p. 223.

3. Extraits de *Le geste et la parole*, *Le Roi Gourhan*, texte cité dans l'exposition *Acquisition-Question*, Musée Dauphinois, Grenoble, 1990.

4. Pour en savoir davantage concernant la méthodologie de mise en valeur développée par le SCP, lire : Viel-Boucher, « La muséologie à l'heure écologique », *Musées*, vol. 12, n° 3, septembre 1990 ; *Territoire: rayonnement et enracinement*. Colloque L'ethnologie et l'exposition, Institut du patrimoine français et Musée de Grenoble, France, novembre 1990, publication en cours.

---

5. *L'évaluation des tendances socio-culturelles en 1990,* un rapport du 3SC, le système CROP du suivi des Courants Socio-culturels, CROP INC. Novembre 90, p. 4-5. Étude faite pour le compte du ministère fédéral de l'Environnement auquel appartient le Service canadien des parcs.

6. Pour obtenir plus de données relatives à l'importance de la reconnaissance du public au sein du processus de mise en valeur, voir : *Modalités d'accès : Aujourd'hui pour demain,* Colloque Musées et économie, Direction des Musées de France, Paris, juin 1991.

7. Racine grecque de musée, *museum* en latin.

8. Germain Bazin, *Le temps des musées,* éd. Desoer, 1967, p. 16.

9. UNESCO, *La naissance d'un bâtiment,* p. 2.

10. Information diffusée sur le réseau PBS, le 2 février 1992 lors de l'émission Cosmos : *Who Speaks for Earth ?*

11. Michel Van Prët, *Les musées d'histoire naturelle, progrès des sciences et évolution des musées scientifiques,* Le Futur Antérieur des musées, éd. Renard, 1991, p. 103.

12. Michel Van Prët, *op.cit,* p. 10.

13. Michel Van Prët, *op.cit,* p. 10.

14. Thierry Gaudin, *2100, Récit du prochain siècle,* Payot, 1990, p. 74.

15. Alphonse Dupont, « Au commencement, un mot : lieu », *Autrement,* n° 115, « Hauts Lieux, une quête de racines, de sacré, de symboles », 1990, p. 65.

16. « Entracinement » : entrer les traces dans les racines afin d'en favoriser l'enracinement.

17. Jacques Brel, extrait de *L'homme de la Mancha.*

Conclusion

Forum sur les tendances de la muséologie

Même s'il existe des courants idéologiques dominateurs (comme l'«économisme» et la valorisation du capital), nos sociétés semblent plus prudentes dans leur discours et laissent transparaître une reconnaissance – du moins formelle – des différences et de la diversité. Cette acceptation de points de vue multiples est évidemment très fragile et comporte un certain nombre de risques. Les récents événements en Algérie et la montée du mouvement « politically correct » démontrent très bien la complexité des situations.

Les musées, quant à eux, semblent tenir un discours de plus en plus respectueux de l'autre et ils ont compris que leur développement passe par la polysémie. Non seulement n'y a-t-il plus une seule et unique manière de voir et de faire, mais les institutions doivent elles-mêmes présenter des approches plurielles, adaptées à des publics ciblés, tout en visant à la réalisation d'un projet culturel porteur de sens. Le musée ne peut vivre en vase clos. Dans sa relation étroite avec son environnement, il essaie de devenir un lieu de synthèse où le public visiteur est perçu comme un acteur primordial ; il se veut un lieu de liberté et d'explication.

Le Forum de la Société des musées québécois aura permis de constater l'état de la réflexion du milieu muséologique québécois – tout en acceptant les limites de la manière – et de dégager un certain nombre de têtes de chapitre dévoilant les préoccupations des muséologues et les thèmes porteurs pour les prochaines années.

Le discours sur les collections, tout d'abord, tend à se transformer en une volonté de réaliser une vocation culturelle, de répondre à une mission. Bien sûr, il y a la reconnaissance des collections comme fondement des musées d'art (en particulier). Mais on admet que les nouvelles hiérarchies ne tiennent plus, qu'il faut cerner le contexte et les manifestations de la créativité (Porter), que le patrimoine collectif remplace la collection (Renaud). En effet, l'objet témoin, l'objet prétexte cherche à comprendre des sociétés, à faire parler des collectivités. Le musée peut redécouvrir l'esprit et le sens des lieux, des choses, des manifestations.

Le problème est le même pour tous. Le musée est obligé de se définir, de répondre à certaines questions fondamentales. Se veut-il une institution de développement culturel régional ou de développement social ? (Musiol)

Peut-il acquérir et conserver s'il ne sait pourquoi et pour qui, s'il n'a pas établi sa mission ? (Lachapelle)

Mission. Voilà sans doute un mot porteur pour les prochaines années, un mot porte-étendard. Coupet l'a d'ailleurs très bien résumée en demandant aux institutions de se définir par rapport aux deux grands axes que comporte la mission d'un musée : celui de la mémoire et celui du plaisir d'apprendre. Quel menu voulons-nous offrir ? Quel est notre créneau ?

Les politiques gouvernementales, qu'elles soient écrites ou non, porteront, au cours des prochaines années, sur des choix culturels et sur des cartographies de besoins (restrictions budgétaires obligent). Quel produit doit-on offrir et à quel endroit, pour qui et pourquoi ? Ne nous leurrons pas, certains débats seront houleux (combien de musées de la mer ? lesquels ?), mais ils seront inévitables. La prolifération des institutions muséales amène une discussion sur des pertinences. Le musée ne peut plus se contenter de répondre à la définition classique de l'ICOM. Il se doit de préciser son projet culturel et de définir son concept. Il a l'obligation de parler des publics.

Voilà donc le deuxième grand thème : les publics. La première question est, bien sûr, de qui parle-t-on ? Toute la démarche des écomusées (Renaud), toute la réflexion sur l'inclusion (Dufresne) et même sur la reconnaissance (Paradis), reposent sur le rapport direct et constant entre le musée et le sujet du musée. Comment faire découvrir, comprendre, expliquer une société ou une collectivité sans établir des rapports avec celle-ci ? De quels types de rapports s'agit-il ? Quels sont ces rapports de l'autre à soi ?

Car le musée n'est pas un lieu neutre. Il est dans la cité et établit constamment des ponts avec les autres membres de la collectivité (Arpin et Porter). Les muséologues ont très vite compris que, s'ils veulent survivre, ils devraient établir des contacts fréquents avec de nombreux partenaires. Il y a évidemment les collaborateurs financiers et techniques ; il y a aussi les autres institutions culturelles, universitaires, sociales et d'enseignement, avec qui les musées établissent des liens, nourrissent des complicités et définissent des projets. Cette affinité avec la collectivité comporte de nombreuses exigences, des avantages, mais aussi des contraintes. Peu importe. Il est là pour demeurer et les institutions muséales se devront d'avoir une planification stratégique proactive qui permettra d'optimiser des liaisons avec l'ensemble des participants externes.

Au premier plan se retrouve évidemment le public. À qui parle-t-on ? Car le musée est là pour montrer (Lachapelle), non pas au service d'une idéologie et d'un pouvoir (Musiol), mais pour un public. Or, il semble que les musées connaissent très peu leur clientèle (Coupet). On connaît le profil sociodémographique et l'on possède certaines données de base, mais pas plus. Donc, tout le défi des institutions muséales est de maintenir et, si possible, d'accentuer l'engouement pour les musées. On sait que de plus en plus de visiteurs fréquentent nos institutions et qu'il s'agit là de l'un des rares secteurs culturels en croissance. Mais pourrons-nous maintenir ce rythme ? Sommes-nous voués à un déclin ? Est-ce une mode passagère ?

Les musées essaient d'offrir des produits adaptés à des publics diversifiés (touristes, milieu scolaire, experts, familles…). Certains musées vont jusqu'à mettre sur pied des programmes spéciaux pour des clientèles trop souvent négligées (anal-phabètes, membres des communautés culturelles…) ; il s'agit là d'une tendance fondamentale. Les musées doivent segmenter leur marché, connaître les attentes des divers groupes, inventer des moyens pour les rejoindre, les intéresser, leur faire découvrir et animer l'institution, les « fidéliser ».

C'est sans doute dans cette foulée que le musée a élargi son action. En effet, afin d'approfondir une question particulière, le musée, en plus d'avoir recours à l'écrit (le catalogue relève d'ailleurs du même esprit), offre aux visiteurs des occasions de se familiariser avec un point de vue, de comprendre un ensemble ou de traiter un ou des angles précis par l'entremise de colloques, de conférences, de séminaires ou plus simplement d'occasions d'échanges. Ces activités se réalisent souvent en collaboration avec les universités, les centres de recherche ou les créateurs eux-mêmes. De plus en plus de muséologues rencontrent directement le public pour expliquer leur démarche, leur choix ou leur vision.

Par ailleurs, le musée donne, dans une perspective d'élargissement et d'interdisciplinarité, l'occasion aux visiteurs d'entrer en contact avec des périodes historiques, des courants esthétiques ou des thèmes. Musique, théâtre, danse, cinéma sont invités à partager cette recherche de la connaissance et de la compréhension du monde. À l'intérieur même des expositions, le muséologue fait appel aux divers moyens de communication contemporaine et aux divers langages. Les musées de science et les centres d'interprétation ont donné le ton en cette matière. Il n'est donc pas surprenant de constater que le musée s'ouvre aux autres modes d'expression pour offrir au public une compréhension élargie de la réalité.

Le musée devient davantage un lieu de synthèse et développe une approche systémique et pourquoi pas écologique. Peu importe la discipline, chacun sait qu'il ne peut plus présenter isolément, qu'il ne peut plus ne pas intégrer (Viel), ne pas être un lieu complet (Renaud), un musée de l'humain (Dufresne).

On comprendra facilement dans cette perspective que les muséologues devraient subir des transformations profondes quant à leur profession. Le rôle du conservateur se modifie : il doit répondre à de nouvelles attentes, travailler avec de nouvelles spécialités, notamment les communications et la pédagogie. Il n'est plus seul. Une exposition est le travail d'une équipe ; un thème peut être traité par les nombreux experts en contenu et en manière. Les monopoles se font plus rares et les pouvoirs risquent de se déplacer.

C'est ce que le musée vit dans un environnement donné (Musiol) ; il n'est pas le fruit d'une génération spontanée mais bien le résultat de nombreux participants (Paradis). Il se doit de gérer un budget, savoir et financement étant étroitement liés (Bourque). Le musée est un lieu de gestion (Arpin). On ne fait qu'en prendre conscience.

Les institutions culturelles sont très sensibles aux pulsations externes (Musiol et Bourque). Elles sont souvent fragiles et dépendantes de sources extérieures diverses. Passer de la dépendance au partenariat, transformer une situation de faiblesse en élément proactif, maîtriser son destin, constitue le défi des années quatre-vingt-dix.

Pour ce faire, nos institutions ne doivent pas craindre de rendre des comptes, d'évaluer leurs produits (Arpin), de se fixer l'excellence comme objectif (Paradis).

De nouveaux concepts font leur entrée : le marché, le service à la clientèle, les grappes culturelles… Faire du développement culturel, favoriser l'épanouissement d'une discipline, être un acteur éducatif, tout ceci exige une gestion intelligente et efficace, des processus de transformation, des activités de production, des actions de mise en marché – bref, tout ce qui constitue une organisation. Le musée ne peut plus s'y soustraire.

Lieux multiples, approches plurielles, lieux de synthèse et de gestion, les musées connaissent un engouement évident. Cette passion des musées inquiète certains, en enthousiasme d'autres. Une chose est sûre, elle entraîne un certain nombre de comportements et va exiger bientôt un certain nombre de décisions. Mais il ne faudrait surtout pas développer une attitude frileuse condamnant toute recherche et toute exploration d'une muséologie contemporaine. Le secteur culturel, par définition, se doit d'être à la fine pointe et à l'avant-garde.

Au cours des prochaines années, les muséologues seront appelés à approfondir le sens et la portée de leurs institutions. Ils s'interrogeront sur leur parcours et sur celui des visiteurs. On parlera bien sûr des publics mais aussi des non-publics ; on cherchera les meilleurs moyens pour communiquer et on multipliera les pratiques ; le musée deviendra de plus en plus un protagoniste social important offrant à la cité un lieu de rassemblement de réflexion et d'ouverture. Et il sera plus que jamais une institution culturelle vivante.

Michel Côté
Directeur de la Direction de
la diffusion et de l'éducation
Musée de la civilisation, Québec

Achevé d'imprimer
en août 1992 sur les presses
des Ateliers Graphiques Marc Veilleux Inc.
Cap-Saint-Ignace, Qué.